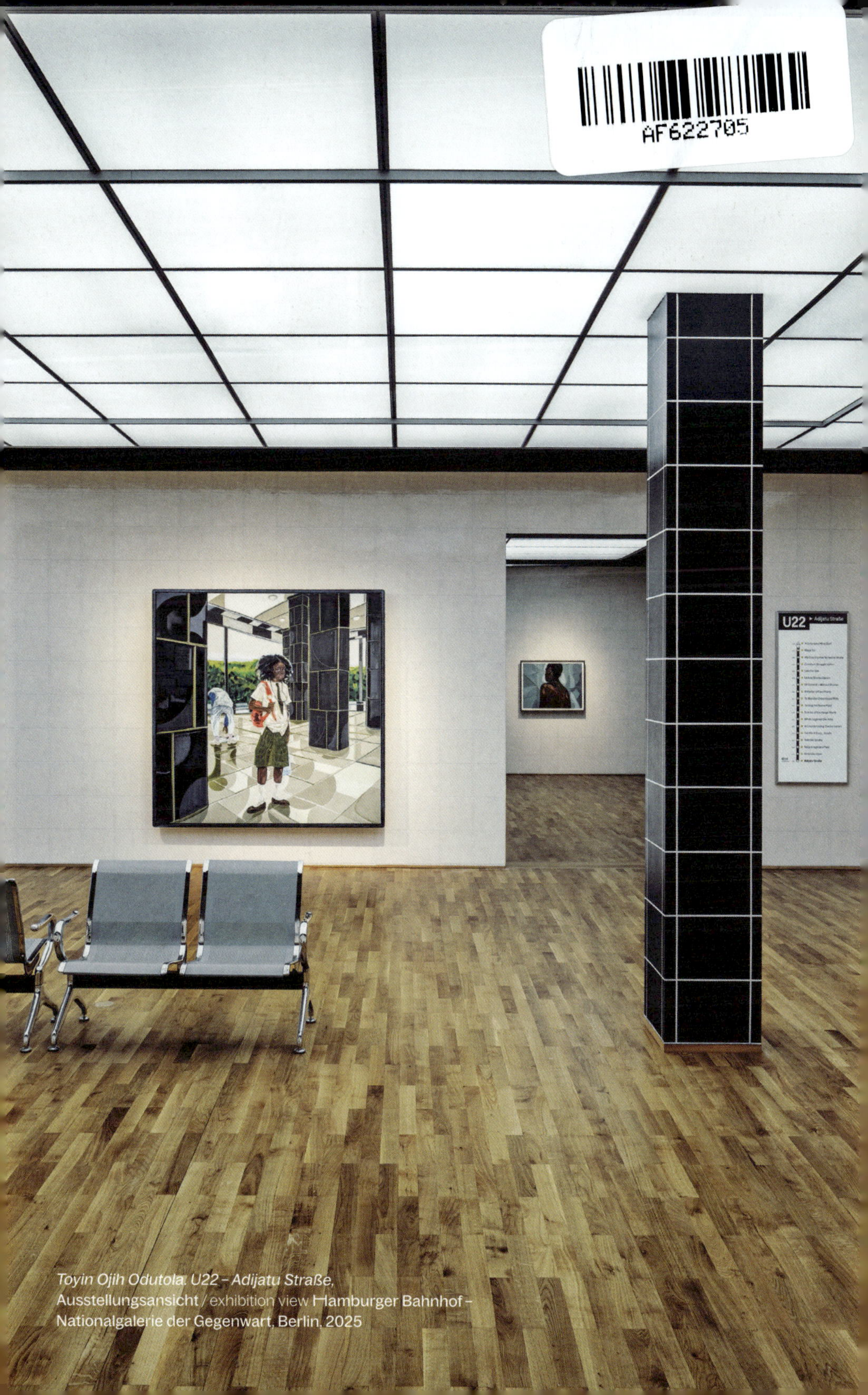

Toyin Ojih Odutola: U22 – Adijatu Straße,
Ausstellungsansicht / exhibition view Hamburger Bahnhof – Nationalgalerie der Gegenwart, Berlin, 2025

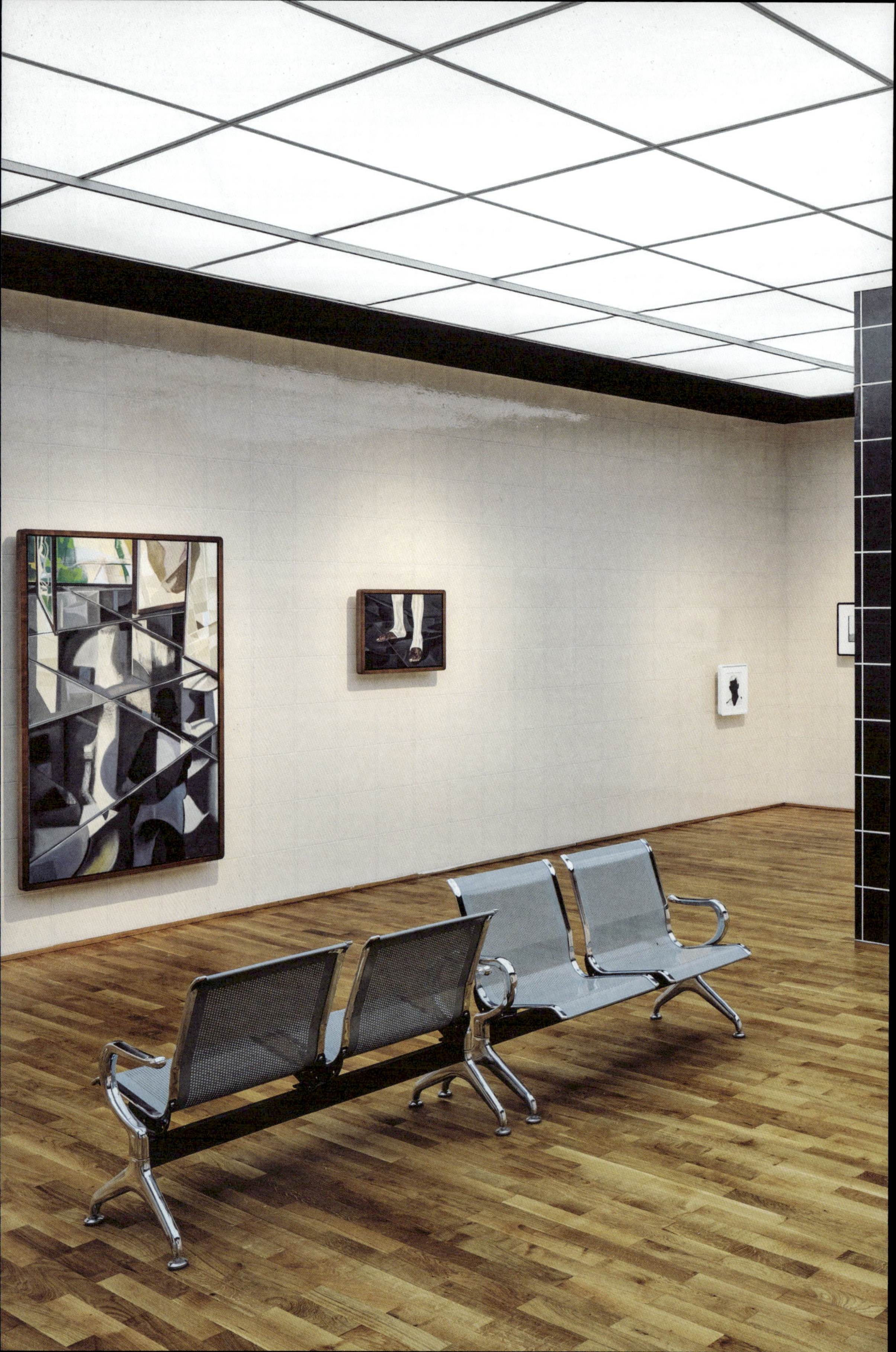

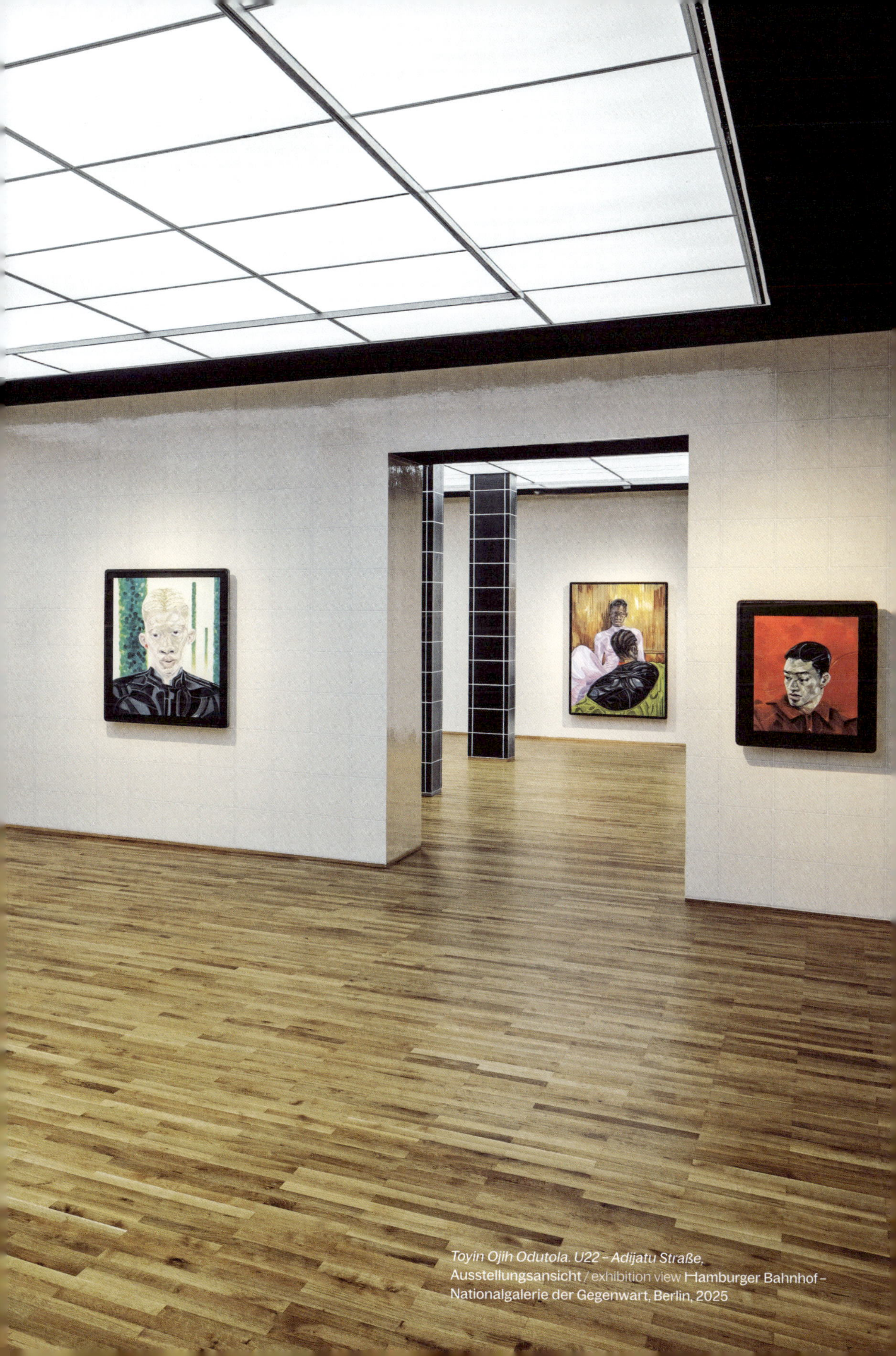

Toyin Ojih Odutola. U22 – Adijatu Straße,
Ausstellungsansicht / exhibition view Hamburger Bahnhof – Nationalgalerie der Gegenwart, Berlin, 2025

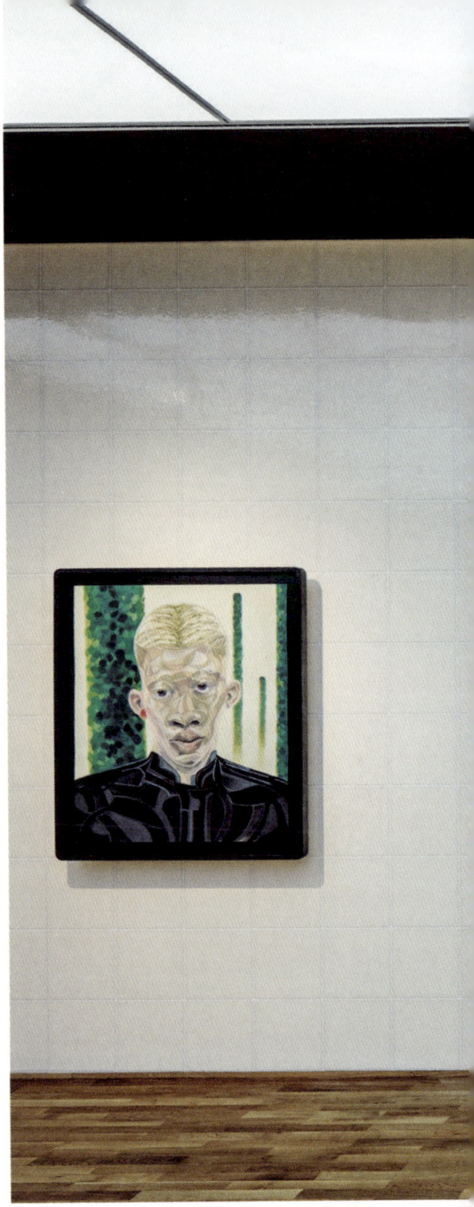

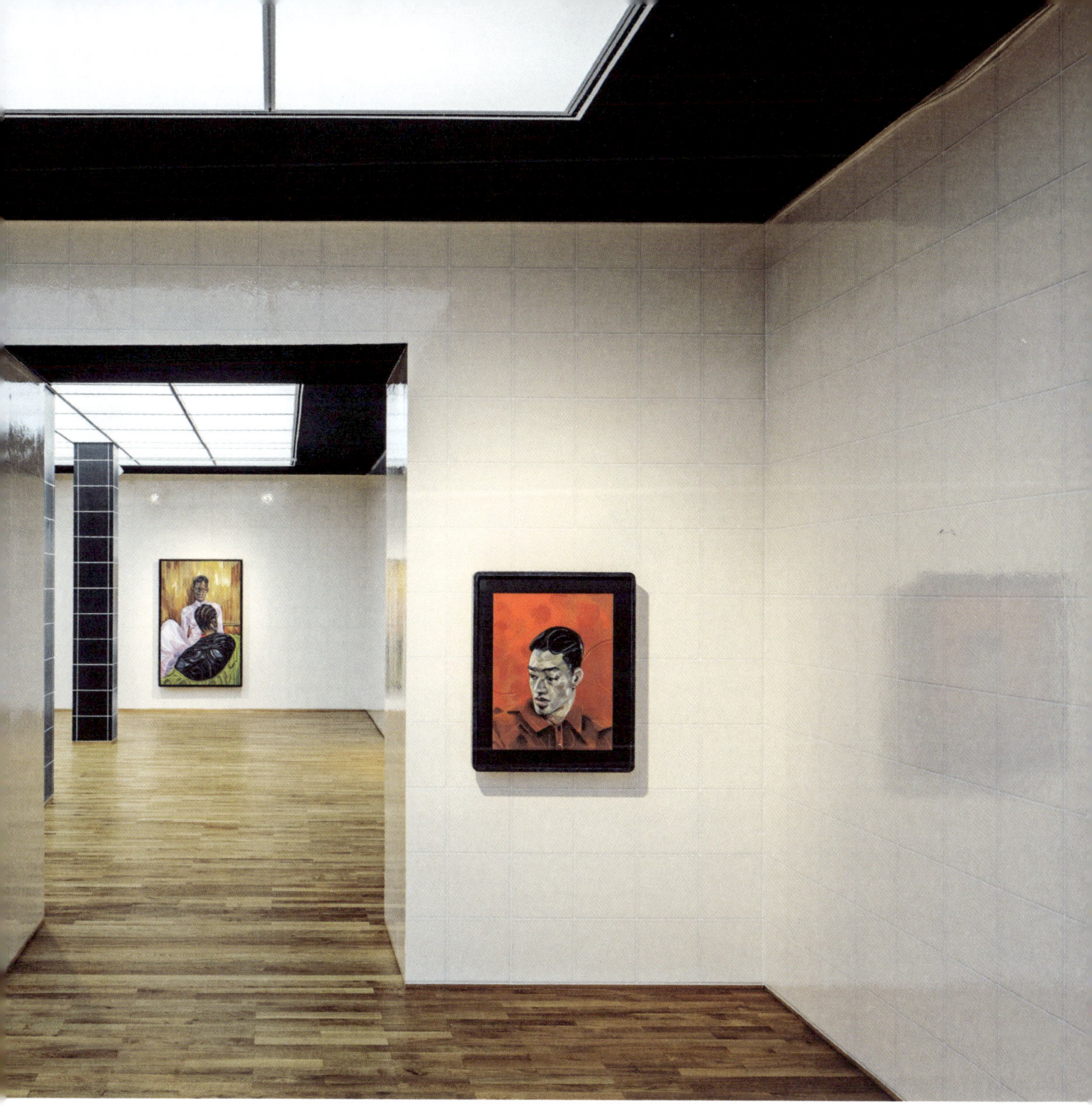

Toyin Ojih Odutola. U22 – Adijatu Straße,
Ausstellungsansicht / exhibition view Hamburger Bahnhof – Nationalgalerie der Gegenwart, Berlin, 2025

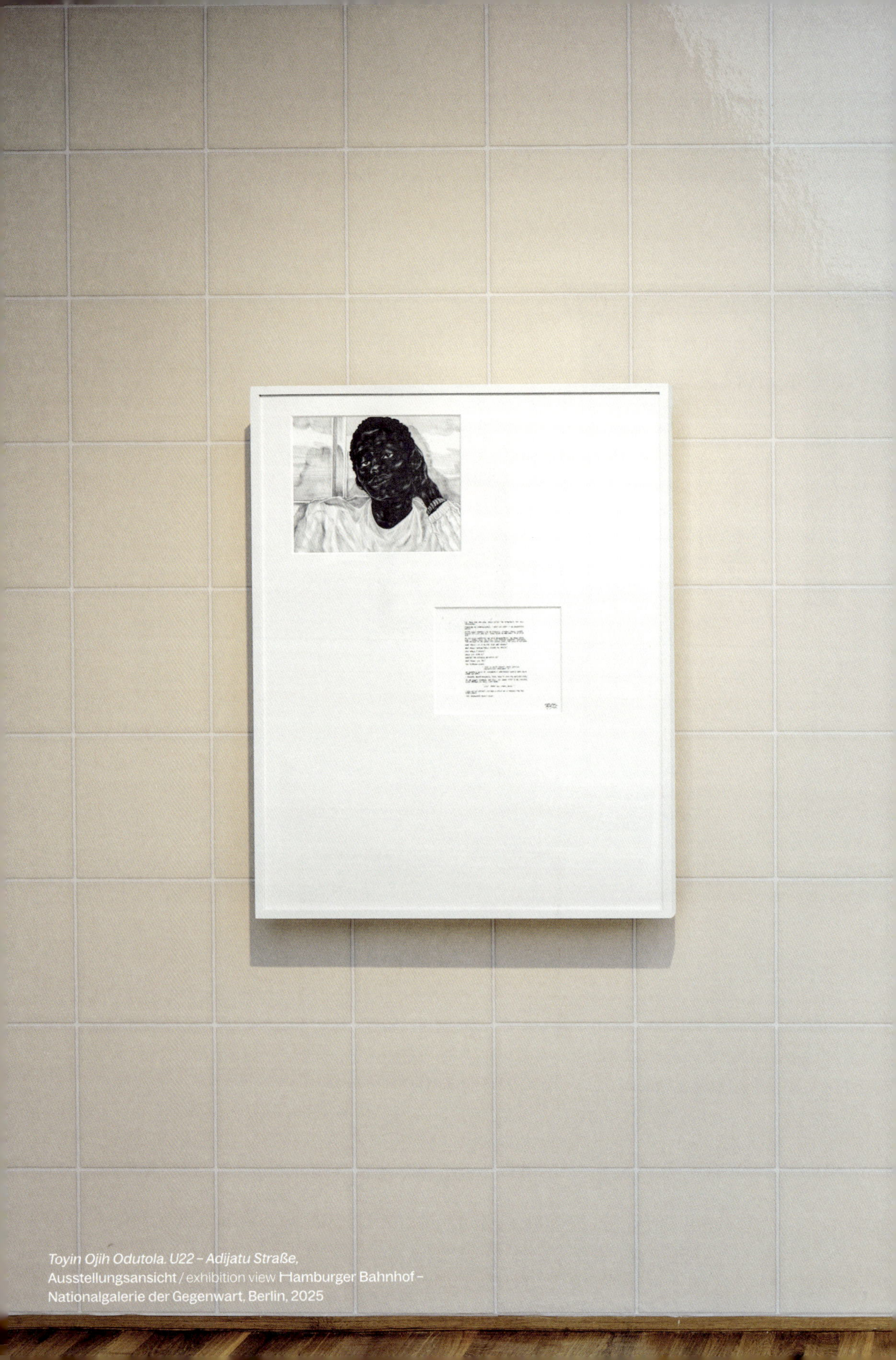

Toyin Ojih Odutola. U22 – Adijatu Straße,
Ausstellungsansicht / exhibition view Hamburger Bahnhof – Nationalgalerie der Gegenwart, Berlin, 2025

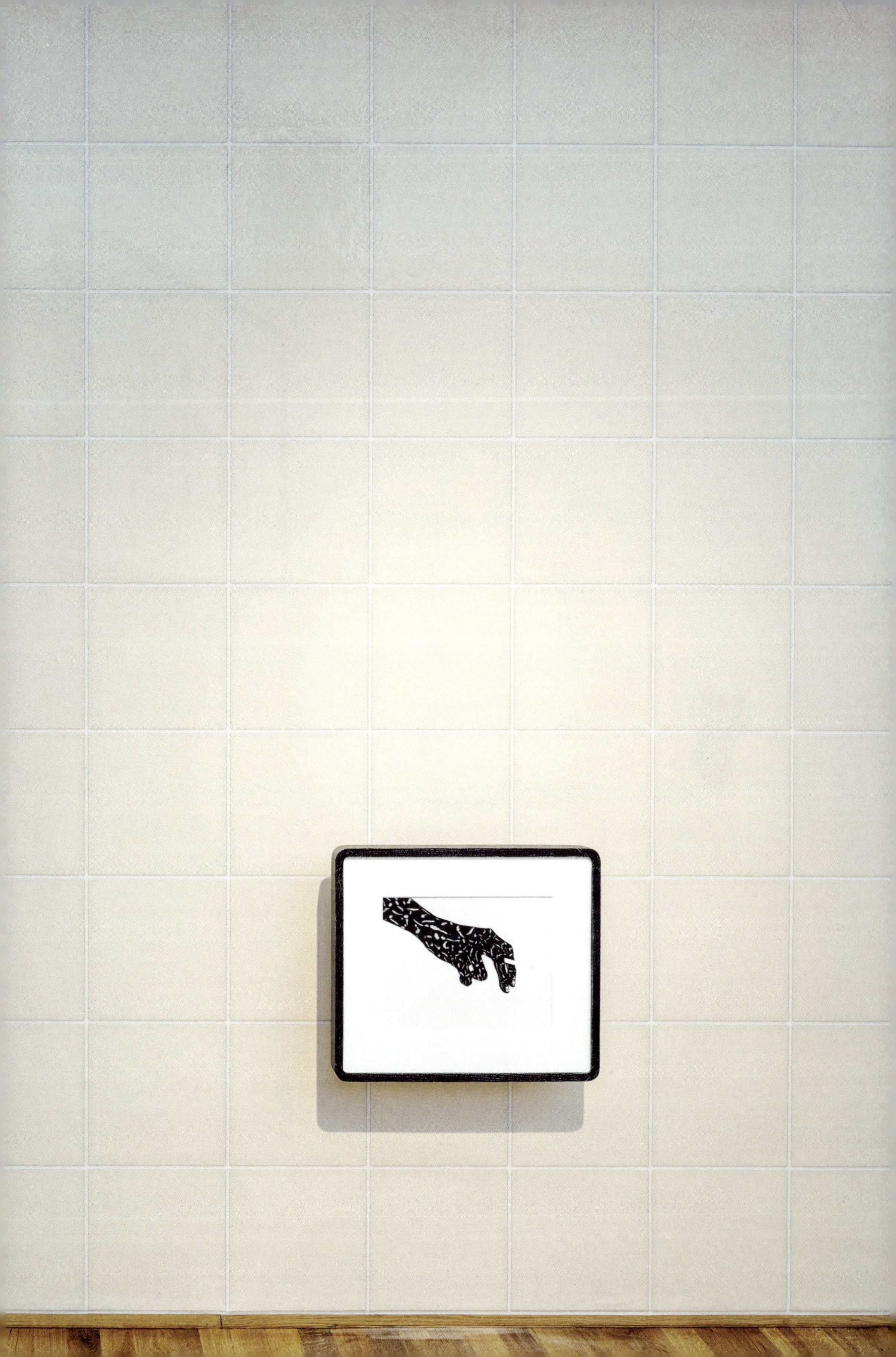

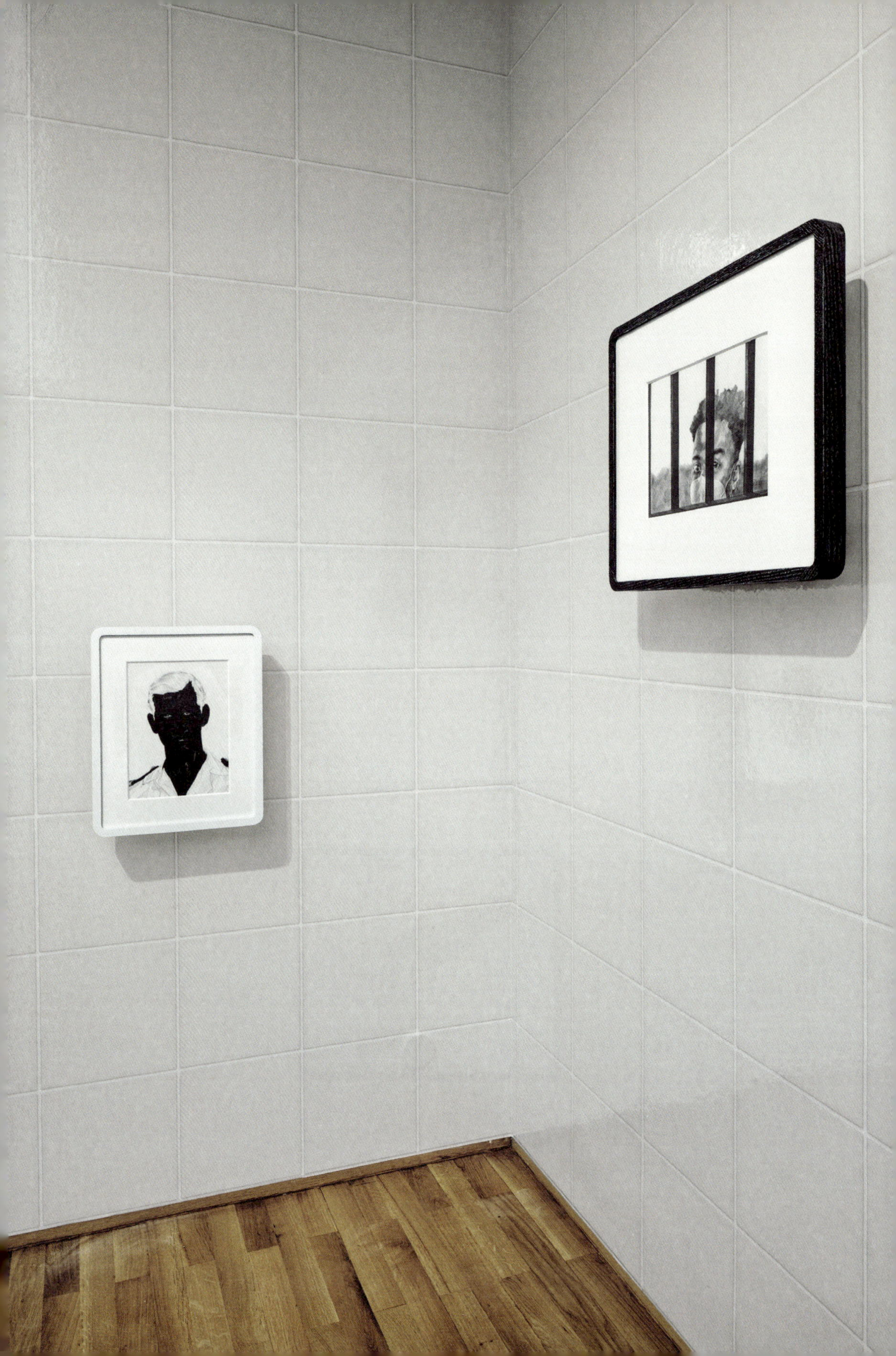

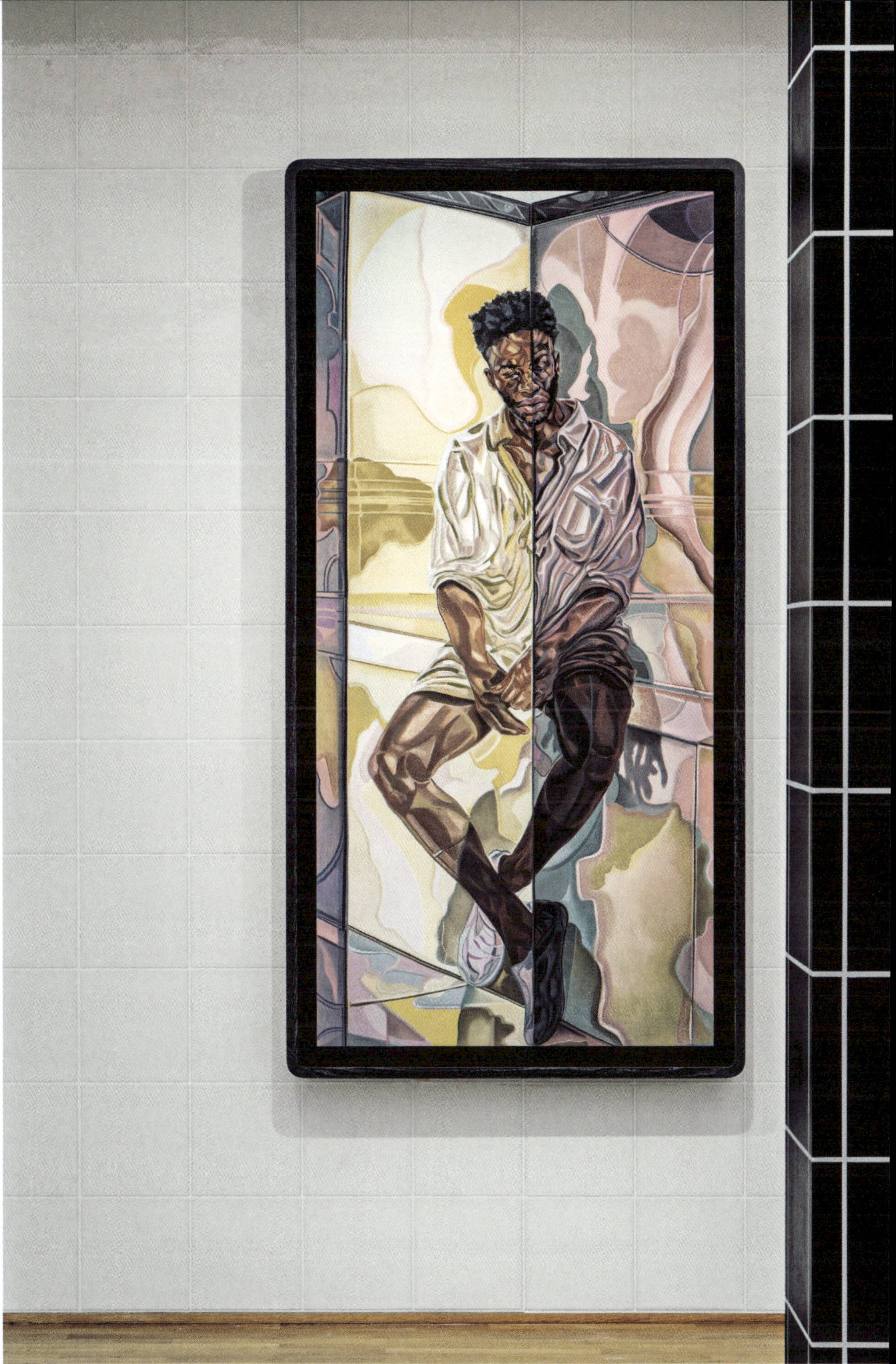

Toyin Ojih Odutola. U22 – Adijatu Straße,
Ausstellungsansicht / exhibition view Hamburger Bahnhof – Nationalgalerie der Gegenwart, Berlin, 2025

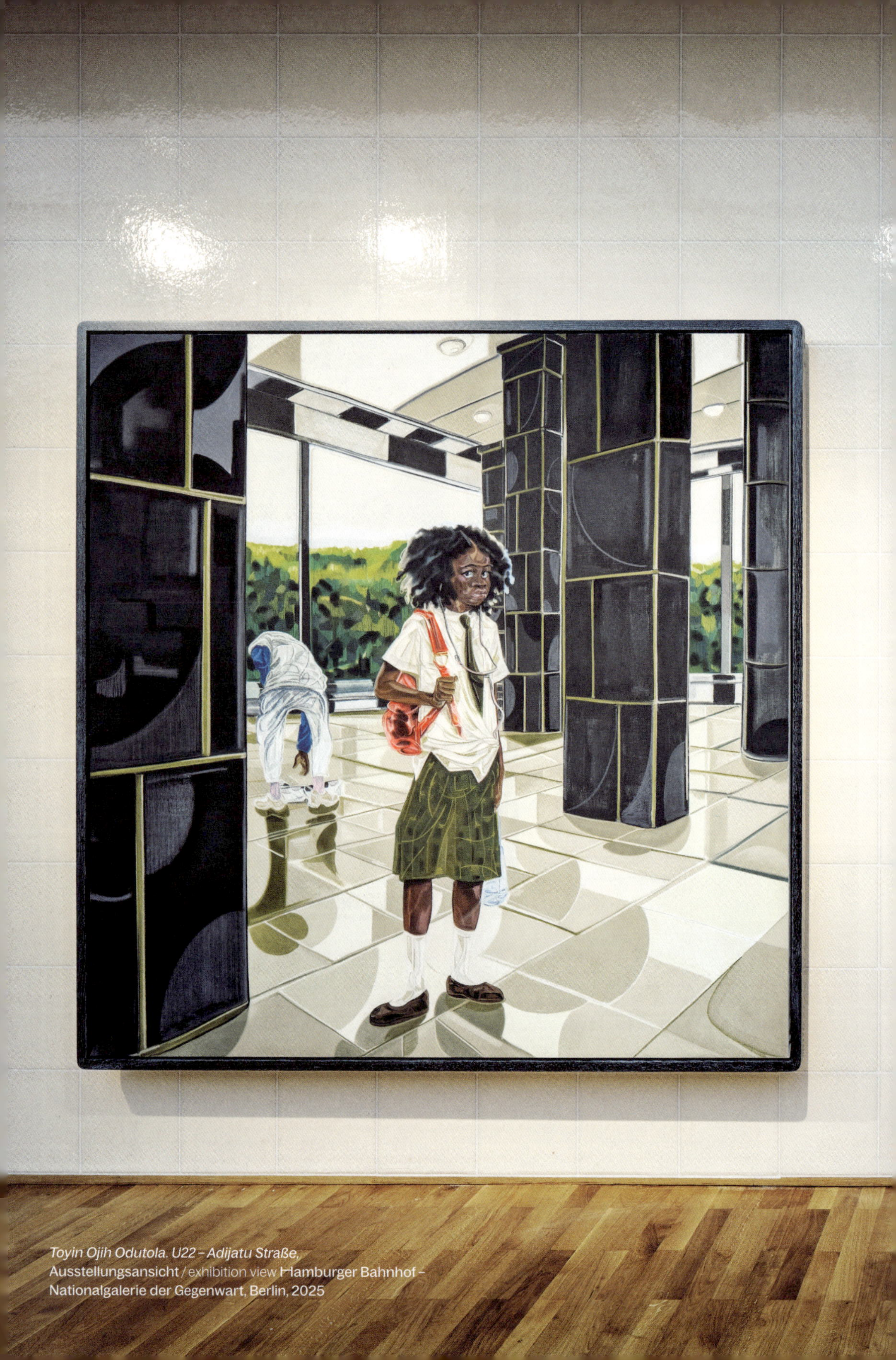

Toyin Ojih Odutola. U22 – Adijatu Straße,
Ausstellungsansicht / exhibition view Hamburger Bahnhof – Nationalgalerie der Gegenwart, Berlin, 2025

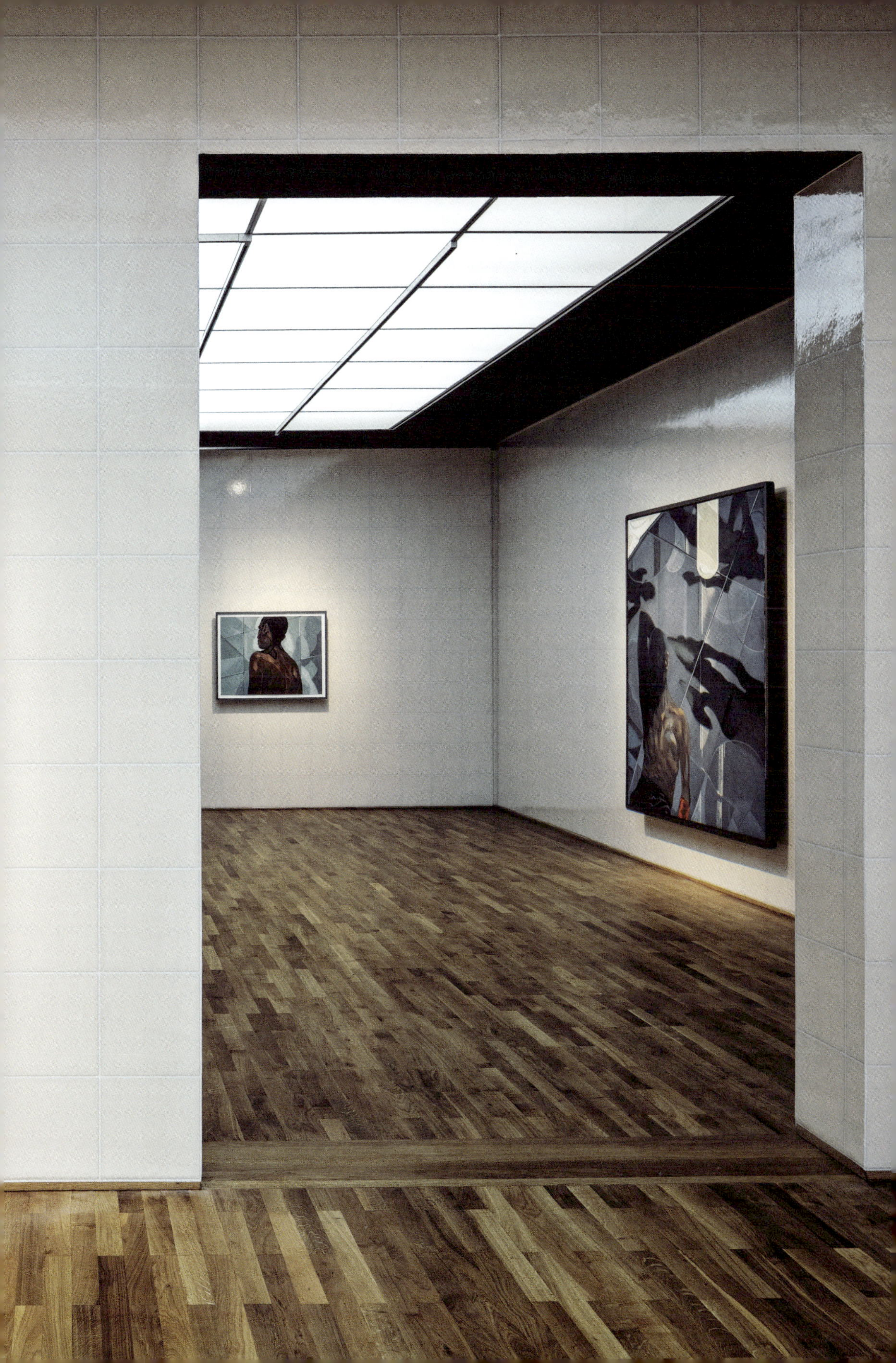

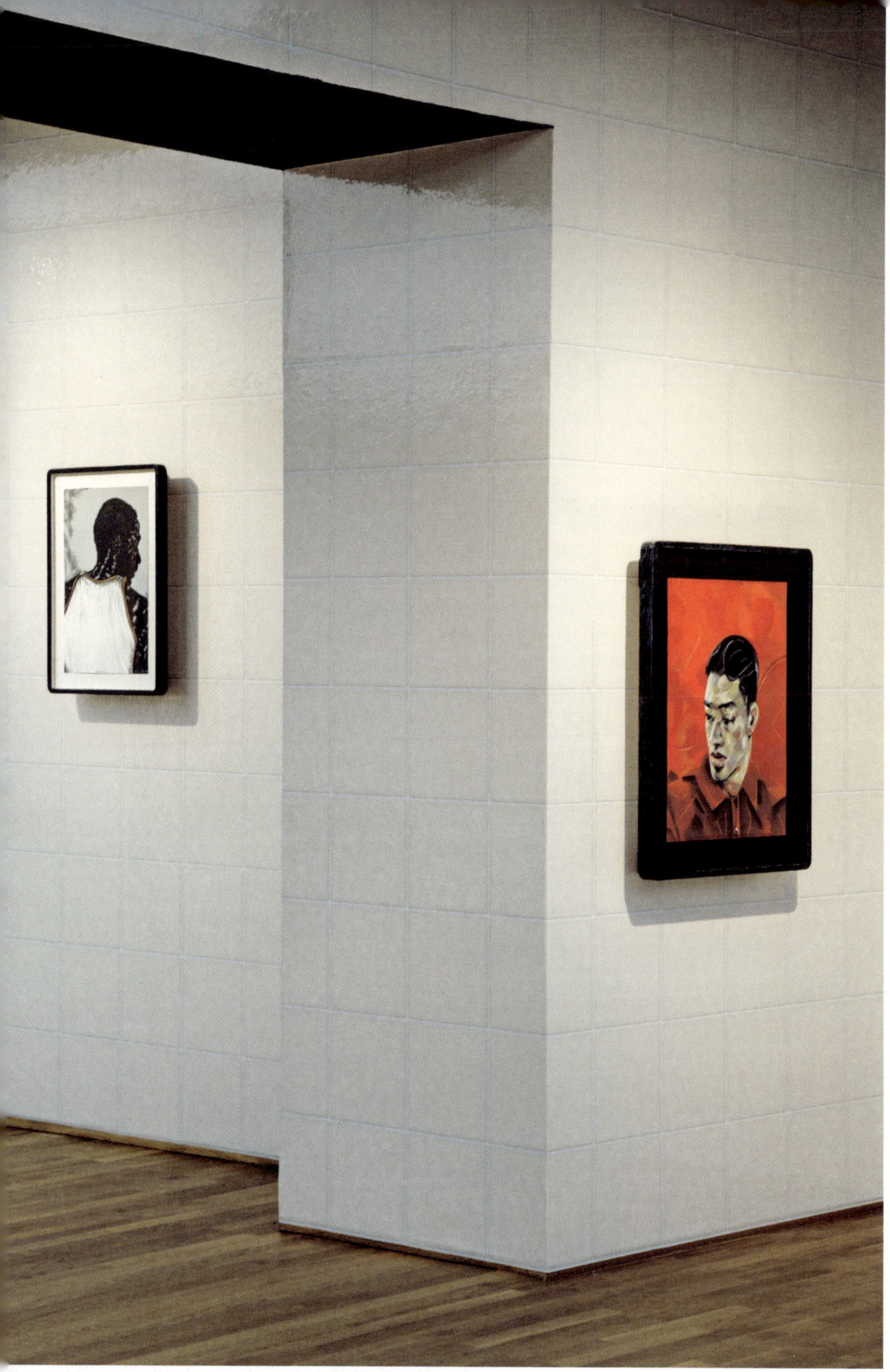

Toyin Ojih Odutola. U22 – Adijatu Straße,
Ausstellungsansicht / exhibition view Hamburger Bahnhof –
Nationalgalerie der Gegenwart, Berlin, 2025

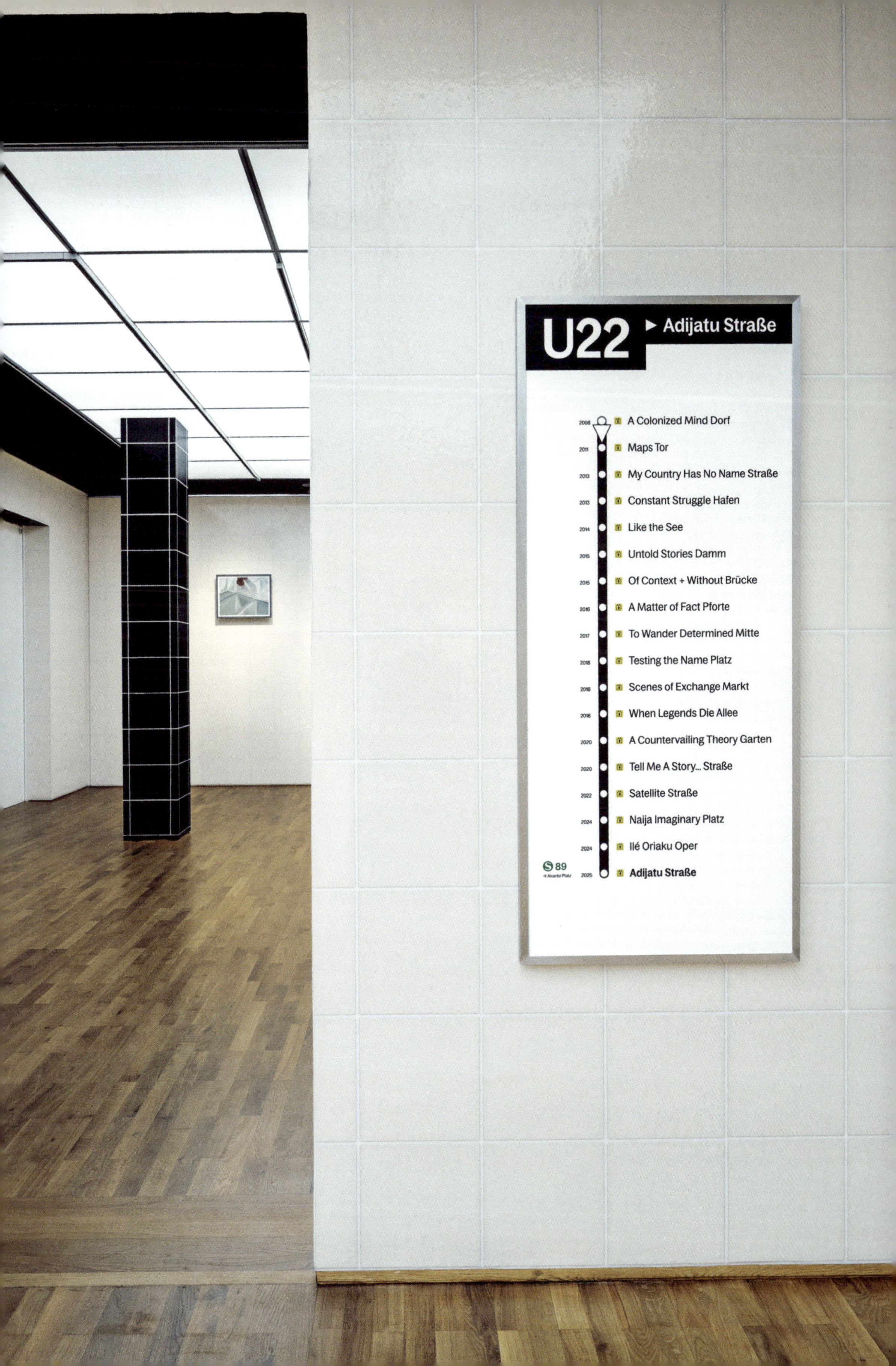
U22
► Adijatu Straße
2008 A Colonized Mind Dorf
2011 Maps Tor
2013 My Country Has No Name Straße
2013 Constant Struggle Hafen
2014 Like the See
2015 Untold Stories Damm
2015 Of Context + Without Brücke
2016 A Matter of Fact Pforte
2017 To Wander Determined Mitte
2018 Testing the Name Platz
2018 Scenes of Exchange Markt
2018 When Legends Die Allee
2020 A Countervailing Theory Garten
2020 Tell Me A Story... Straße
2022 Satellite Straße
2024 Naija Imaginary Platz
2024 Ilé Oriaku Oper
2025 Adijatu Straße
S 89
→ Akanbi Platz

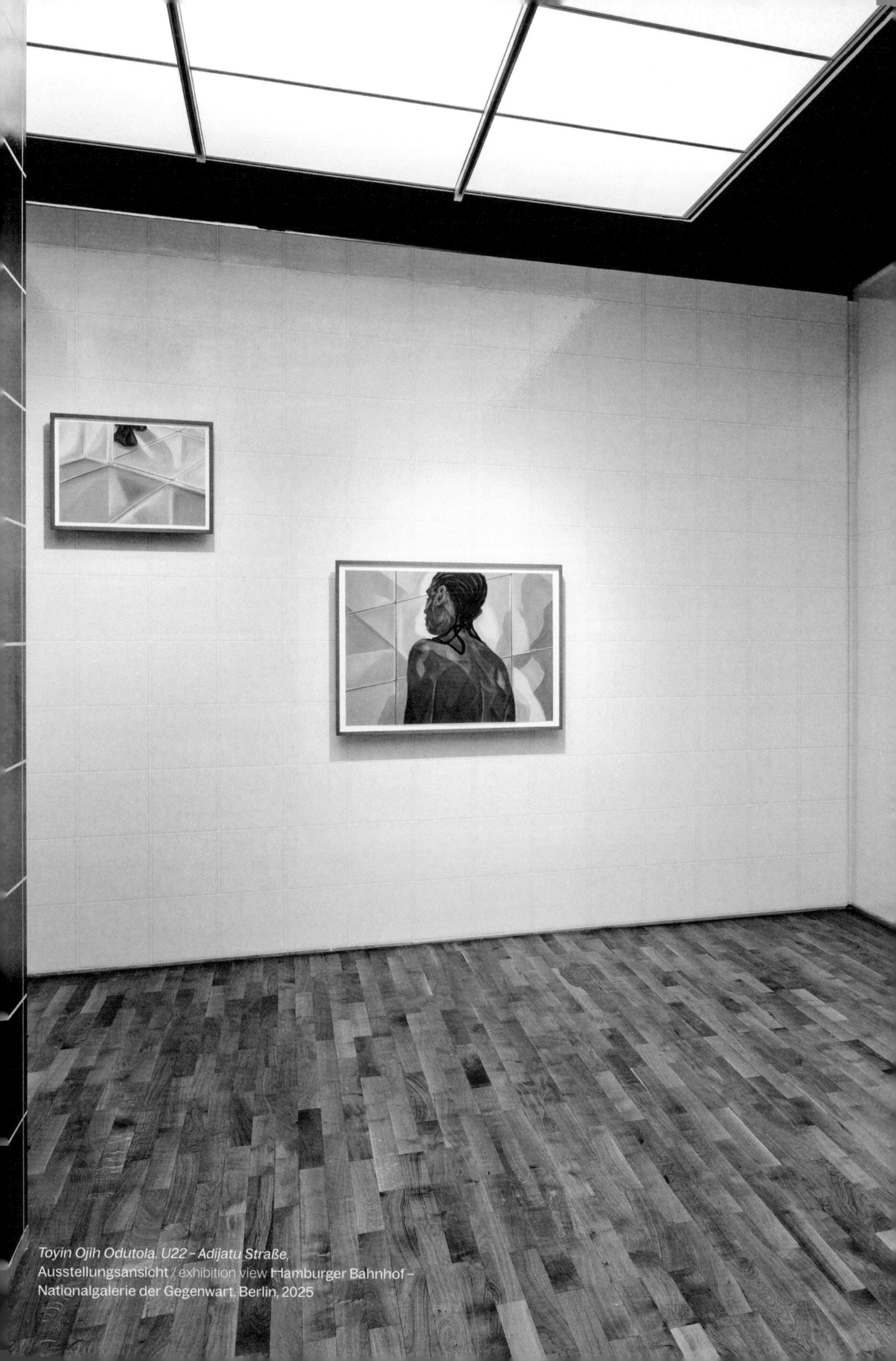

Toyin Ojih Odutola. U22 – Adijatu Straße,
Ausstellungsansicht / exhibition view Hamburger Bahnhof – Nationalgalerie der Gegenwart, Berlin, 2025

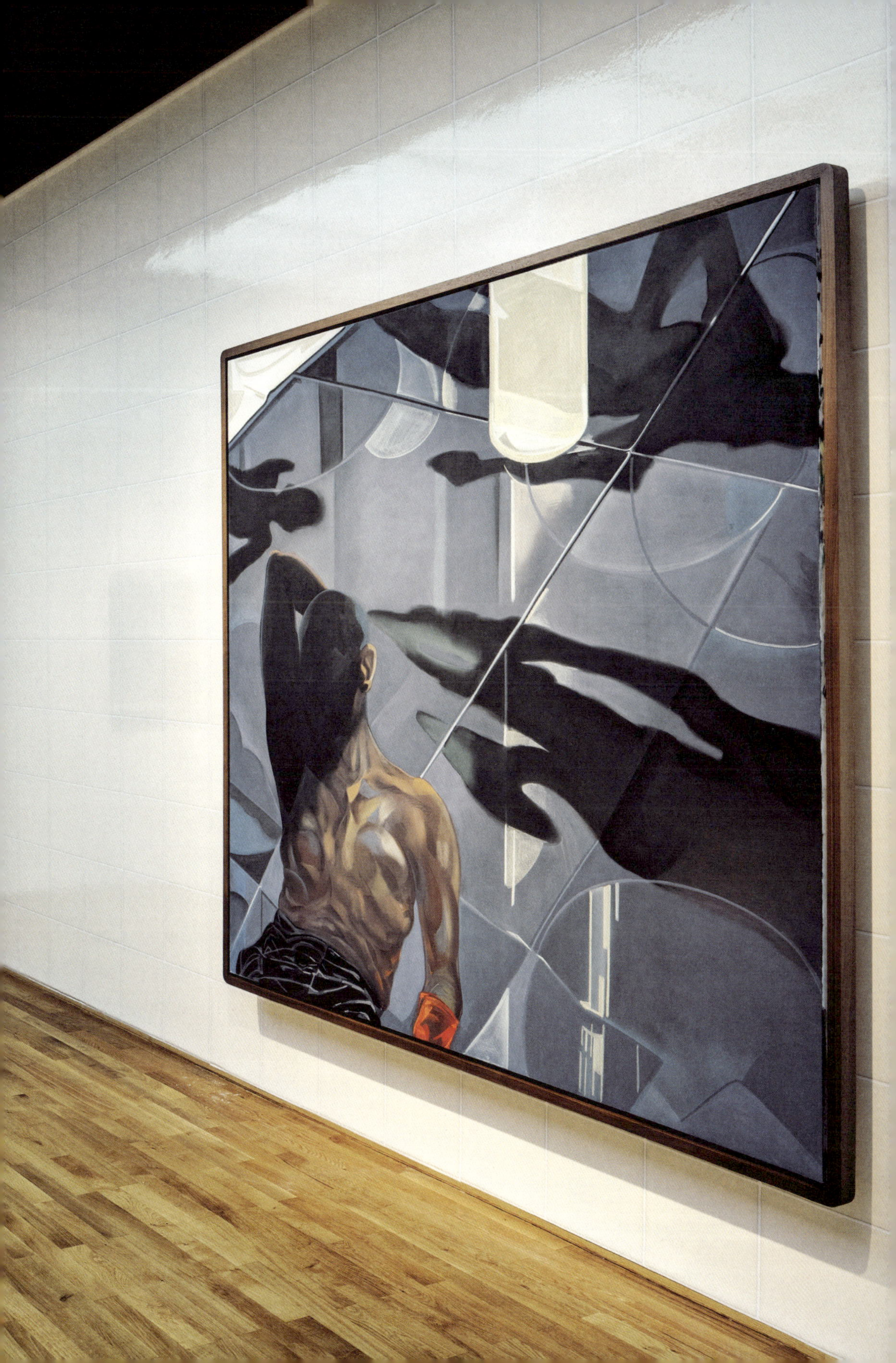

12

Toyin Ojih Odutola *U22–Adijatu Straße*

Hamburger Bahnhof
Nationalgalerie der Gegenwart

Für die / For the Nationalgalerie – Staatliche Museen zu Berlin
herausgegeben von / edited by
Sam Bardaouil & Till Fellrath

SilvanaEditoriale

Nationalgalerie
Staatliche Museen zu Berlin

Inhalt / Content

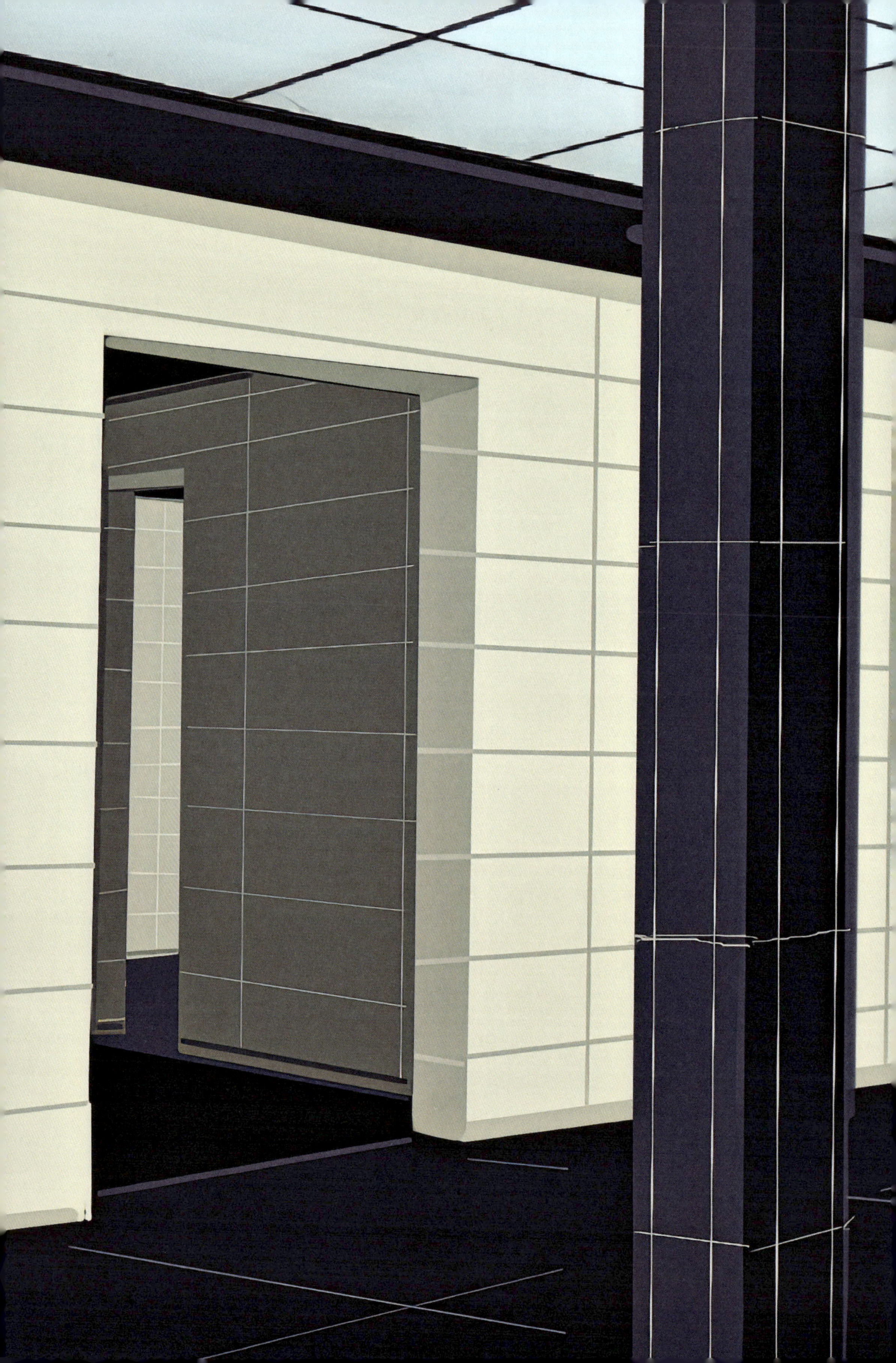

Linien, die zusammenlaufen: Toyin Ojih Odutolas *U22 – Adijatu Straße* / Converging Lines: Toyin Ojih Odutola's *U22 – Adijatu Straße*

Emily Finkelstein

Toyin Ojih Odutolas Werk lässt sich an jener Schwelle verorten, an der die physische Geste des Zeichnens auf die Tiefgründigkeit des Erzählens trifft. In ihren fein nuancierten Zeichnungen konstruiert die Künstlerin spekulative Erzählungen über Vergangenheit, Gegenwart und Zukunft und spielt mit den Konventionen der Porträt- und Genremalerei. Ihre Arbeiten überschreiten gleich mehrere Grenzen: die Grenze zwischen Großformat und kleinstem Detail, zwischen realer und imaginärer Geschichte(n), zwischen traditionellem Porträt und Neuerfindung. Diese konzeptionelle, formale und materielle Fluidität ist charakteristisch für Odutolas Absage an jegliche Form der starren Zuschreibung – eine Qualität, die weit über die Werke selbst hinausreicht.

Diese für Ojih Odutolas Werke charakteristische Ablehnung von eindeutigen Kategorien spiegelt sich in mancher Hinsicht in den Konturen ihrer Biografie wider: 1985 in Ife, Nigeria, geboren, zog Ojih Odutola im Alter von fünf Jahren in die VereinigtenStaaten

The work of Toyin Ojih Odutola dwells at the threshold where the physicality of mark-making meets the depth of storytelling. In richly textured drawings, the artist constructs speculative narratives of past, present and future by playing with the conventions found in portraiture and genre painting. Her works traverse multiple boundaries: between grand scale and minute detail, real and imagined histories, traditional portraiture and something entirely new. This inherent fluidity – conceptual, formal, material – underscores a broader refusal to be confined by fixed definitions, a quality that extends beyond the works themselves.

In some ways, the resistance of Ojih Odutola's works to neat categories could be understood as mirroring the contours of the

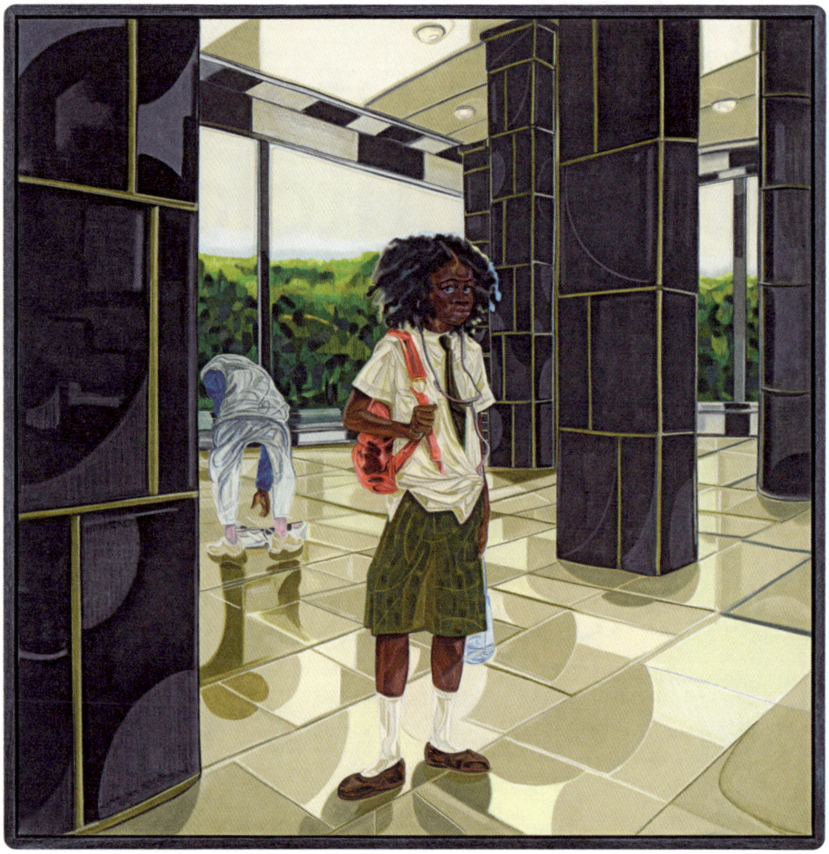

Toyin Ojih Odutola, *Spirited Awey: Chihiro – Ifemelu + Companions @ Adijatu Str. (A Thousand Happenings @ Adijatu Str.)*, 2025, Pastellkreide und Kohle auf Leinen / pastel and charcoal on linen, 203 × 203 cm (ohne Rahmen / without frame), Courtesy of the artist and Jack Shainman Gallery, New York, NY

– zunächst nach Kalifornien, dann nach Alabama – wo sie eine, wie sie es nennt, „Sicht auf das Leben in drei Stufen"[1] entwickelte: zunächst als Ausländerin in Amerika, dann als Afrikanerin unter Afroamerikaner*innen und schließlich als zunehmend amerikanisiertes Mitglied einer eingewanderten Familie. Die Reibung zwischen Sein und Wahrnehmung und die Dissonanz zwischen innerer und äußerer Welt, wird in Ojih Odutolas Darstellungen von Haut deutlich. Die Haut ist in ihren Arbeiten stets mehr als reine Oberfläche – sie ist sowohl Grenze als auch Brücke, Lichtträger und Ort der Verwandlung, ein Punkt des Eintritts. Texturiert, gemustert, geritzt, markiert, wird sie sowohl zu einem Archiv der Vergangenheit als auch zu einer Schwelle zu einer imaginären Zukunft.

artist's biography: born in Ife, Nigeria, in 1985, Ojih Odutola moved to the United States at the age of five – first to California, then Alabama – where she developed what she has called a 'three-tiered view of life':[1] first, as a foreigner in America; second, as an African among African Americans; and third, as an increasingly Americanised member of an immigrant family. The friction between being and perception, the dissonance between inner and outer worlds, emerges vividly in Ojih Odutola's depictions of skin. In her work, skin is more than a surface – it is both boundary and a bridge, a bearer of light and a site of transformation, a point of entry. Textured, patterned, scarified, marked, it becomes both an archive of the past and a threshold to imagined futures.

While the luminous, textured skin of the subjects she depicts is a striking characteristic

Die leuchtende, strukturierte Haut der dargestellten Menschen ist zwar ein auffälliges Merkmal für die Arbeiten der Künstlerin, doch ist die Haut keineswegs die einzige Oberfläche in ihrem Werk, die von Spannung und Dualität durchdrungen ist. Ojih Odutolas großformatige, detailreiche Zeichnungen zeugen von einer malerischen Sensibilität. Ihre Texturen und Kompositionen lassen nur schwer erkennen, dass sie keineswegs mit Öl und Pinsel, sondern mit Bleistift, Pastell oder Kohle angefertigt wurden. Trotz ihres gewaltigen Formats sind die von ihr dargestellten Szenen von einer gewissen Intimität durchdrungen. Selbst die Rahmen, die ihre Zeichnungen einfassen und die in Zusammenarbeit mit der Künstlerin als Fortsetzung der Körperlichkeit der in den Werken enthaltenen Welten entworfen wurden,[2] unterstreichen dieses Wechselspiel: Sie verleihen den Leinen- und Papieroberflächen eine robuste Körperlichkeit und ziehen nicht nur die Blicke der Betrachter*innen, sondern auch deren Körper an.

Und tatsächlich steht die Figur stets im Mittelpunkt von Ojih Odutolas Praxis. Manchmal ist sie fragmentiert, ein anderes Mal unkenntlich, aber immer ist sie mit Bedeutung aufgeladen. Die Körper in Ojih Odutolas Werken werden oft in gleichermaßen inszenierten und spontanen Momenten dargestellt, mitten in der Bewegung, wie in einem Schnappschuss. Ein Beispiel dafür ist die Lithografie *Birmingham (right)* von 2015, in der das Subjekt kurz über die Schulter blickt und den Blick der Betrachter*innen einfängt, ohne auf ihn zu reagieren. Der Effekt ist der eines momentanen Wiedererkennens, ähnlich wie der flüchtige Blickkontakt mit einem Fremden im Zug: eine intime, aber kurzlebige Verbindung, die sich so schnell auflöst, wie sie entstanden ist. Ojih Odutolas Motive sind sowohl real als auch imaginär, sie sind in Landschaften zuhause, die zwischen üppiger Vertrautheit und abstrakter Distanz oszillieren.

Ojih Odutolas Figuren weisen zwar Ähnlichkeiten mit den Konventionen der westlich geprägten Porträtmalerei auf – sie stehen in wohl durchdachter räumlicher Beziehung zu

of the artist's oeuvre, it is by no means the only surface in her work imbued with tension and duality. Ojih Odutola's grand, detailed drawings evoke a painterly sensibility, their textures and compositions making it difficult to comprehend their creation with pencil, pastel or charcoal rather than oil and brush. Despite their immense scale, the scenes she portrays are imbued with intimacy. Even the frames that enclose her drawings, designed in collaboration with the artist as an extension of the physicality of the worlds contained in the work,[2] emphasise this interplay: they lend the linen and paper surfaces a robust physicality, drawing the viewer in not only via their eye but also through their person.

And indeed, the figure is always at the core of Ojih Odutola's practice. It is sometimes fragmented, and other times obscured, but it is always charged with meaning. These bodies are often depicted in moments simultaneously staged and spontaneous, caught mid-turn, as if in a snapshot, as in the lithograph *Birmingham (right)* from 2015, where the subject glances briefly over a shoulder, catching the viewer's gaze without responding to it. The effect is one of fleeting recognition, akin to the transient eye contact exchanged with a stranger on a train: an intimate yet ephemeral connection that dissolves as quickly as it forms. Ojih Odutola's subjects are both real and imagined, inhabiting landscapes that oscillate between lush familiarity and abstract detachment.

While Ojih Odutola's figures bear similar conventions of Occidental portraiture – carefully

1 Dodie Kazanjian, „Reimagining Black Experience in the Radical Drawings of Toyin Ojih Odutola" in: *Vogue*, 17. Juli 2018, https://www.vogue.com/article/toyin-ojih-odutola-interview-vogue-august-2018, zuletzt abgerufen am 7. März 2025.

2 Toyin Ojih Odutola, im Gespräch mit der Autorin, Februar 2025.

1 Dodie Kazanjian, "Reimagining Black Experience in the Radical Drawings of Toyin Ojih Odutola" in: *Vogue*, 17 July 2018, https://www.vogue.com/article/toyin-ojih-odutola-interview-vogue-august-2018, last accessed on 7 March 2025.

2 Toyin Ojih Odutola, conversation with the author, February 2025.

ihrer Umgebung – doch knüpfen sie kompositorisch und stilistisch auch an die japanischen Ukiyo-e-Drucke des 19. Jahrhunderts und die chinesischen Tuschmalereien der Literat*innen an, für die die Erkennbarkeit einer Person für die Darstellung nicht immer notwendig ist. Ihre Figuren verweigern sich aktiv gängigen Ausdrucksformen: Sie wenden sich von unserem Blick ab und beschäftigen sich mit ihrer eigenen inneren Welt, die sich oft absichtlich unseren Augen entzieht. Diese Figuren sind weder passiv noch offen einladend, sondern existieren in einem eigenen Raum; ihr Innenleben bleibt verborgen. Diese konstruierte Distanz widersetzt sich den voyeuristischen Tendenzen des Abbildens und fordert gleichzeitig die Erwartungen der Betrachter*innen an die dargestellten Personen und ihre Zugänge zu ihnen heraus.

Ojih Odutolas Arbeiten werden immer wieder als Porträts bezeichnet, doch die Künstlerin selbst lehnt diese Klassifizierung ab.[3] Ihre Arbeiten stützen sich auf von ihr selbst aufgenommene Fotografien sowie auf gefundenes Bildmaterial und ihre Kompositionen vereinen oft mehrere Personen oder Perspektiven in einer einzigen Darstellung. Die Zeichnung *Of Another Kind* porträtiert ihren Cousin Benjamin, der in Berlin wohnt, in situ, wobei sie die Konventionen des Realismus verfremdet: Benjamins Figur ähnelt einer topografischen Karte, in der die menschliche Gestalt mit der Landschaft verschmilzt. Diese vielschichtige Darstellung verbindet die persönliche Geschichte mit Fragen der Präsenz und Zugehörigkeit und stellt das traditionelle Porträt, das Form und Umgebung als unabhängige Kategorien behandelt, in Frage.

Die Porträtmalerei ist seit jeher ein Mittel der Machtausübung, das Reichtum, Ruhm und Status zum Ausdruck bringt. Im Laufe ihrer Karriere hat Ojih Odutola diese Traditionen untergraben, so auch in ihrer frühen Serie *The Treatment*, in der sie berühmte Bilder *weißer*[4] Männer veränderte. Dafür bediente sich die Künstlerin der für sie charakteristischen Technik, mittels aufwändiger Strichführung mit Kugelschreiber und Graphitstift eine Textur der Haut zu erzeugen.

drawn in spatial relation to the world around them – they also connect compositionally and stylistically to 19th century Japanese *ukiyo-e* prints and Chinese literati ink wash paintings, where the knowability of an individual is not always necessary to the portrayal. Her figures actively reject tropes: they turn themselves away from our gaze, her subjects engaging with their own interior world, often situated within settings intentionally obscured from our gaze. These figures are neither passive nor openly welcoming, but exist in a space of their own, their inner lives unknowable. This constructed distance resists the voyeuristic tendencies of image-making, while challenging the viewer's expectations from and access to the depicted subjects.

Ojih Odutola's work is often labelled as portraiture, though the artist herself rejects this classification.[3] She draws from photographs she has taken and found imagery, but her compositions are often composites, merging multiple individuals or perspectives into a single depiction. The drawing, *Of Another Kind*, portrays her cousin, Benjamin, a resident of Berlin, in situ while distorting the conventions of realism: Benjamin's figure resembles a topographic map, blending human form with landscape. This layered representation links personal history to questions of presence and belonging, destabilises the traditional portrait which presents form and setting as independent categories.

Portraiture has historically functioned as a means of asserting power, capturing wealth, virtue and status. Throughout her career, Ojih Odutola has subverted these traditions, as exemplified in her early series *The Treatment*, where she altered famous images of white men, applying her signature technique of creating skin texture via the use of intricate strokes of ballpoint pen and graphite pencil. The resulting images, where these men have been stripped of their whiteness and thus claim to historical power, challenge notions of individuality and representation that underpin the category of portraiture. Her later project *The UmuEze Amara Clan and the House of Obafemi* further expands on these ideas, imagining a world in which colonialism never disrupted generational wealth and power in Nigeria. In these works, Blackness,

Die daraus entstehenden Bilder, in denen die dargestellten Männer ihres *W*eißseins und damit ihres Anspruchs auf historische Macht beraubt wurden, stellen die Vorstellungen von Individualität und Repräsentation in Frage, die der Kategorie des Porträts zugrunde liegen. Ihr späteres Projekt *The UmuEze Amara Clan and the House of Obafemi* baut diese Ansätze weiter aus und imaginiert eine Welt, in der der Kolonialismus den generationenübergreifenden Reichtum und die Macht in Nigeria nie unterbrochen hat. In diesen Arbeiten überschneiden sich Blackness,[5] Queerness[6] und Wohlstand und stellen vorherrschende Erzählungen über Herkunft und Einfluss in Frage.

Ojih Odutolas Arbeit geht über die Oberfläche der Haut hinaus und lenkt unsere Aufmerksamkeit auf die unsichtbaren Kräfte, die das formen, was wir oft für vollständig halten: Museumssammlungen, kulturelle Narrative und die Geschichten, die wir als wahr erachten. Für ihre Ausstellung im Hamburger Bahnhof nutzt Ojih Odutola die Architektur als Ausgangspunkt, um die Geschichte der Institution mit der Welt ihrer Figuren zu verweben. In ihrer ersten Einzelausstellung in Deutschland verwandelt die Künstlerin das Ostkabinett des Museums in einen Raum, der an die vielen U-Bahnhöfe Berlins und andere Verkehrsknotenpunkte außerhalb der Stadt erinnert: Architektonische Elemente – Kacheln, Säulen, Beschilderungen, ja sogar Ankunfts- und Abfahrtsansagen, die im ganzen Raum erklingen – sprengen die Grenzen zwischen Museum und Stadt und versetzen die Betrachter*innen von einem konstruierten Raum hinein in eine urbane Realität. Die Figuren, die Ojih Odutolas Leinwände bevölkern, werden zu Bewohner*innen Berlins, die gemeinsam mit den Betrachter*innen auf einen Zug warten, der noch nicht eingefahren ist.

Die Ausstellung von Ojih Odutola ist nicht nur eine Reise durch den Raum, sondern auch eine Reise durch die Zeit, durch die Geschichte des Museums und der Nation(en), die es erbaut haben. Der Hamburger Bahnhof, der 1846 als Endstation der Berlin-Hamburger Eisenbahn eröffnet wurde, unterlag einem

queerness and affluence intersect, challenging dominant narratives of race and influence.

Critically, Ojih Odutola's work moves beyond the surface provided by skin, drawing attention to the unseen forces that shape what we often take as complete: museum collections, cultural narratives and the histories we inherit as truth. For her exhibition at Hamburger Bahnhof, she takes this as her starting point, using architecture to weave the institution's history together with the world of her figures. In the artist's first

3 Killian Fox, „Artist Toyin Ojih Odutola: 'I'm Interested in How Power Dynamics Play Out'" in: *The Guardian*, 1. August 2020, https://www.theguardian.com/artanddesign/2020/aug/01/artist-toyin-ojih-odutola-through-drawing-i-cancope-with-racism-sexism-cultural-friction, zuletzt abgerufen am 7. März 2025.

4 Mit *w*eiß ist nicht eine Hautfarbe, sondern eine gesellschaftspolitische Norm und Machtposition gemeint. Um dies zu markieren, setzen wir in Anlehnung an die Arbeit rassismuserfahrener Communitys in Deutschland den ersten Buchstaben kursiv. Anm. d. Red.

5 Blackness bezieht sich auf die Identität Schwarzer Personen. Der Begriff Schwarz wird oft als Selbstbezeichnung von Menschen afrikanischer und afro-diasporischer Herkunft, schwarzen Menschen, Menschen dunkler Hautfarbe und people of colo(u)r gewählt. Das großgeschriebene „S" wird bewusst gesetzt, um eine sozio-politische Positionierung in einer mehrheitlich *w*eiß dominierten Gesellschaftsordnung zu markieren und gilt als Symbol einer emanzipatorischen Widerständigkeitspraxis. Vgl. „Schwarz", https://diversity-arts-culture.berlin/woerterbuch/schwarz, zuletzt abgerufen am 16. April 2025. Anm. d. Red.

6 Queerness ist ein Sammelbegriff für Personen, deren geschlechtliche Identität und/oder sexuelle Orientierung nicht der zweigeschlechtlichen, cis-geschlechtlichen und/oder heterosexuellen Norm entspricht. Cis-Geschlechtlichkeit bedeutet, dass man sich mit dem von außen zugeschriebenen Geschlecht identifiziert. Vgl. „Queer", https://diversity-arts-culture.berlin/woerterbuch/queer; zuletzt abgerufen am 16. April 2025. Anm. d. Red.

3 Killian Fox, "Artist Toyin Ojih Odutola: 'I'm Interested in How Power Dynamics Play Out'" in: *The Guardian*, 1 August 2020, https://www.theguardian.com/artanddesign/2020/aug/01/artist-toyin-ojih-odutola-through-drawing-i-can-cope-with-racism-sexism-cultural-friction, last accessed on 7 March 2025.

ständigen Wandel: 1884 wurde er für den Bahnverkehr geschlossen, später diente er als Verkehrsmuseum, wurde im Zweiten Weltkrieg zerstört und stand während des Kalten Krieges verfallen und verlassen im Niemandsland zwischen Ost- und West-Berlin, bevor er 1996 als Museum für zeitgenössische Kunst der Nationalgalerie wiedereröffnet wurde. Während seine Geschichte die wechselnden Konturen der beiden deutschen Staaten, zu denen er gehörte, nachzeichnet, überschneidet er sich auch mit globaleren Erzählungen, einschließlich der des Kolonialismus. Der Bau des Bahnhofs fiel mit der kolonialen Expansion des Deutschen Reichs in Afrika zusammen, die Länder wie Togo und Teile des heutigen Burundi, Ghana, Kamerun, Namibia, Ruanda

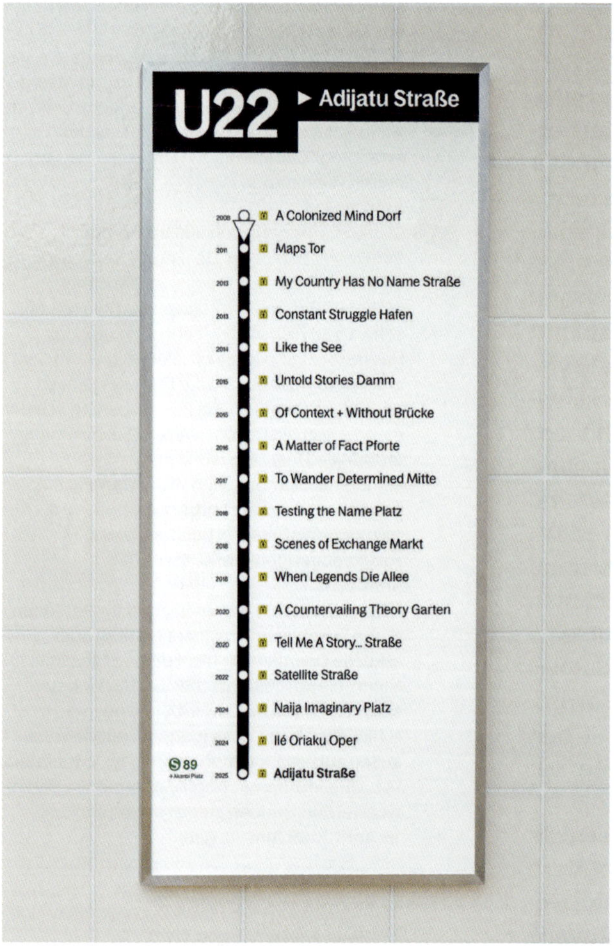

Toyin Ojih Odutola. U22 – Adijatu Straße, Ausstellungsansicht / exhibition view Hamburger Bahnhof – Nationalgalerie der Gegenwart, Berlin, 2025

solo exhibition in Germany, she transforms the museum's east cabinet into a space evocative of Berlin's many *U-Bahn* [subway] stations, as well as other transit hubs beyond the city: architectonic elements – tiles, pillars, signage, even arrival and departure announcements that resound throughout the space – disrupt the boundaries between museum and city, transporting the viewer from a constructed space into an urban reality. The figures who populate Ojih Odutola's canvases become inhabitants of Berlin, each one, together with the viewer, waiting for a train that has yet to arrive.

More than a journey through space, Ojih Odutola's exhibition situates the museum as a station for travelling through time, through the history of the museum itself, along with the nation(s) that built it. Hamburger Bahnhof, which was first opened in 1846 as the terminus of the Berlin-Hamburg railway, has undergone continual transformation – closing to rail traffic in 1884, later serving as a transport museum, suffering destruction during World War II, and standing decayed and abandoned in the no-man's-land between East and West Berlin during the Cold War before reopening in 1996 as the contemporary art museum of Germany's National Gallery. While its history traces the shifting contours of the Germanys to which it belonged, it also intersects with broader global narratives, including that of colonialism. The train station's building coincided with the German Reich's colonial expansion in Africa, to countries including Togo and parts of contemporary Burundi, Cameroon, Ghana, Namibia, Rwanda and Tanzania,[4] and its closure in the 1880s mirrored the nation's rapid industrialisation and population growth, both of which fuelled its colonial ambitions. Even after Germany lost its colonial entanglements after World War I, these ideologies endured, shaping National Socialist policies and later resurfacing in debates on memory and responsibility.

und Tansania[6] umfasste. Die Schließung des Bahnhofs in den 1880er-Jahren spiegelte die rasche Industrialisierung und das Bevölkerungswachstum des Landes wider, die beide die kolonialen Ambitionen beflügelten. Selbst als Deutschland nach dem Ersten Weltkrieg seine kolonialen Verstrickungen verlor, blieben diese Ideologien bestehen, prägten die nationalsozialistische Politik und tauchten später in Debatten über Erinnerung und Verantwortung wieder auf. In den 1980er- und 90er-Jahren kam es zu einem Wendepunkt: Deutschland begann, sich mit seiner kolonialen Vergangenheit auseinanderzusetzen, während gleichzeitig Migrationsbewegungen aus afrikanischen Ländern einsetzten und die afrodeutsche Bewegung, angeführt von Persönlichkeiten wie der Dichterin May Ayim (1960–1996), erstarkte.

Berlins urbane Topographie wird weiterhin von postkolonialen Fragestellungen heimgesucht, manchmal in architektonischer Form – wie beim umstrittenen Wiederaufbau des Berliner Stadtschlosses, das heute die ethnologischen Sammlungen der Staatlichen Museen zu Berlin beherbergt – und manchmal durch Praktiken der Namensgebung und Umbenennung. Im Afrikanischen Viertel Berlins wurden mehrere Straßen, die ursprünglich im frühen 20. Jahrhundert benannt wurden, um die kolonialen Ambitionen Deutschlands hervorzuheben, umbenannt, um die koloniale Geschichte der Gewalt anzuerkennen und zu reflektieren. Im Jahr 2023 wurde die Petersallee in Nzinga-von-Matamba-Allee umbenannt, zu Ehren der Königin Nzinga, die sich der portugiesischen Kolonialherrschaft in Angola widersetzte, und nicht zum Gedenken an den brutalen Kolonialverwalter, auf den sie zuvor verwies. Die Lüderitzstraße, benannt nach dem Kolonialherrn Adolf Lüderitz, wurde 2022 in Cornelius-Frederiks-Straße umbenannt, nach einem Anführer des Nama-Widerstands gegen die deutsche Herrschaft in Namibia; der Nachtigalplatz, benannt nach dem Kolonialforscher Gustav Nachtigal, wurde in Manga-Bell-Platz umbenannt, in Anlehnung an einen Duala-König und Widerstandskämpfer in der deutschen Kolonie in Kamerun.[7] Auch wenn

The 1980s and 90s saw a turning point, as Germany began reckoning with its colonial past alongside waves of migration from African countries and the rise of the Afro-German movement, led by figures such as the poet May Ayim (1960–1996).

Today, questions of the post-colonial continue to haunt Berlin's urban topography, sometimes taking architectural form – such as in the controversial reconstruction of the Berlin City Palace, which now houses the Berlin State Museums' ethnographic collections – and other times materialising through practices of naming and renaming. In Berlin's African Quarter, several streets originally named in the early 20th century to reflect Germany's colonial ambitions have been renamed to acknowledge colonial violence. In 2023, Petersallee was renamed Nzinga-von-Matamba-Allee, honouring Queen Nzinga, who resisted Portuguese colonial rule in Angola, rather than commemorating the brutal colonial administrator for whom it was previously named; Lüderitzstraße, named after the colonialist Adolf Lüderitz, was in 2022 renamed Cornelius-Frederiks-Straße, after a leader of the Nama resistance against German rule in Namibia; Nachtigalplatz, named after the colonial explorer Gustav Nachtigal, has been renamed Manga-Bell-Platz, referencing a Duala king and resistance leader in the German

7 Ulrich van der Heyden, *The History of German Colonialism* (Archivführer zur deutschen Kolonialgeschichte, 2023), https://archivfuehrer-kolonialzeit.de/index.php/history?sf_culture=en, zuletzt abgerufen am 7. März 2025.

8 Femi Awoniyi, „Berlin streets to be renamed after African heroes" in: *The African Courier*, 16. April 2018, https://www.theafricancourier.de/berlin-streets-to-be-renamed-after-african-heroes/, zuletzt abgerufen am 7. März 2025.

4 Ulrich van der Heyden, *The History of German Colonialism* (Archivführer zur deutschen Kolonialgeschichte, 2023), https://archivfuehrer-kolonialzeit.de/index.php/history?sf_culture=en, last accessed on 7 March 2025.

5 Femi Awoniyi, "Berlin streets to be renamed after African heroes" in: *The African Courier*, 16 April 2018, https://www.theafricancourier.de/berlin-streets-to-be-renamed-after-african-heroes/, last accessed on 7 March 2025.

es sich dabei nicht um eine systematische Veränderung der öffentlichen Erinnerungskultur in Deutschland handelt, so ermöglichen uns diese Veränderungen doch, die vorherrschenden Machtnarrative in Frage zu stellen, die die komplexen Geschichten, die unserer Gegenwart zugrunde liegen, so leicht verschleiern können.

In dieser vielschichtigen Geschichte von Bewegung und Unterbrechung, unterdrückender und befreiender Macht und Erneuerung findet Ojih Odutolas Arbeit ihre Resonanz. Sie kartiert Geschichten, die in einem völlig neuen Bahnhof aufeinandertreffen – einem Bahnhof, in dem Vergangenheit, Gegenwart und unvorhersehbare Zukünfte immer in Bewegung sind. Dieser Bahnhof trägt den Namen Adijatu Straße, gelegen an der fiktiven Linie U22, und verleiht Ojih Odutolas Ausstellung im Hamburger Bahnhof ihren Titel. Mit ihren Zeichnungen setzt sich die Künstlerin mit der Geschichte des Museums und der Stadt, die es umgibt, auseinander, um so einen neuen Dialog zu eröffnen. Das ehemalige Bahnhofsgebäude, das von den Teilungen des Kalten Krieges geprägt ist und zeitlich mit den kolonialen Verstrickungen Deutschlands zusammenfällt, wird zu mehr als nur einer ehemals funktionalen Infrastruktur; es ist ein ideologischer Marker, der nationale Identitäten und historische Narrative reflektiert. Im urbanen Raum Berlins angesiedelt, offenbart es auch soziale Brüche und legt Fragen der Zugänglichkeit, Ausgrenzung und Migration offen. Ojih Odutola lässt diese Geschichten durch die Einführung in ihre Arbeit absichtlich fließend ineinander übergehen und schafft so eine neue Art von spekulativem Raum, in dem wir aufgefordert sind, hinter die Oberfläche zu blicken und die gleiche Arbeit zu leisten wie die Künstlerin, wenn sie ihre Zeichnungen anfertigt, die gleiche Arbeit, an die wir in einer Stadt wie Berlin ständig denken müssen.

Die mit historischer Bedeutung aufgeladenen Räume des Museums bilden eine neue Grundlage für Ojih Odutolas Arbeiten und verwandeln sie in Werke, die auf unsere gemeinsame Gegenwart einwirken. Toyin Ojih Odutola fordert uns auf, hinter die Fassade

colony in Cameroon.[5] While not a systemic shift in Germany's public culture of memory, these changes enable us to challenge the dominant narratives of power that can so easily obscure the complex histories that underpin our present.

Within this layered history of movement and interruption, oppressive and liberating power and renewal, Ojih Odutola's work finds its resonance – mapping histories that converge in an entirely new station, where past, present and unforeseen futures remain in motion: *Adijatu Straße*, on the fictional U22 line, which lends its name to her exhibition at Hamburger Bahnhof. Situated within this framework, Ojih Odutola's drawings work in conversation with the history of the museum and the city that surrounds it to create a new dialogue. The former train station of Hamburger Bahnhof, shaped by Cold War divisions and coinciding temporally with Germany's colonial entanglements, becomes more than just formerly functional infrastructure; it is an ideological marker that reflects national identities and historical narratives. Set in the urban space of Berlin, it also reveals social fractures, exposing issues of accessibility, exclusion and migration. Ojih Odutola intentionally collapses these histories via the introduction of her work, creating a new kind of speculative space where we are challenged to look beyond the surface, doing the same kind of work that the artist does when she makes her drawings, doing the same kind of work that we must constantly remember to do in a city like Berlin.

The museum's spaces, laden with historical meaning, create a new grounding for Ojih Odutola's work, transforming them into works that act on our shared present. Here, Toyin Ojih Odutola challenges us to see beyond the surface, to recognise the limits of our own gaze, our own time. In *U22 – Adijatu Straße*, transit becomes both metaphor and method: a means of crossing thresholds, of inhabiting multiple worlds and times at once, and of refusing to be fixed in place.

zu blicken und die Grenzen unseres eigenen Blicks, unserer eigenen Zeit zu erkennen. In *U22 – Adijatu Straße* wird der Transit sowohl zur Metapher als auch zur Methode: ein Mittel, um Schwellen zu überschreiten, mehrere Welten und Zeiten gleichzeitig zu bewohnen und sich niemals auf einen Ort festlegen zu lassen.

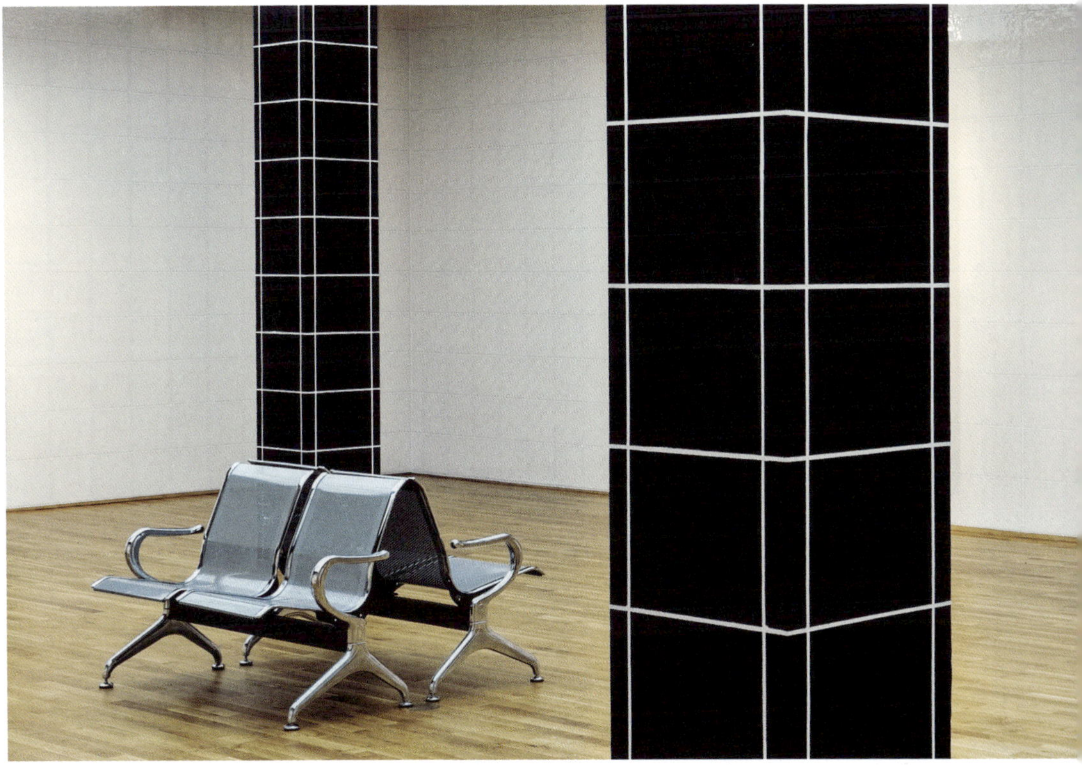

Toyin Ojih Odutola. U22 – Adijatu Straße, Ausstellungsansicht / exhibition view
Hamburger Bahnhof – Nationalgalerie der Gegenwart, Berlin, 2025

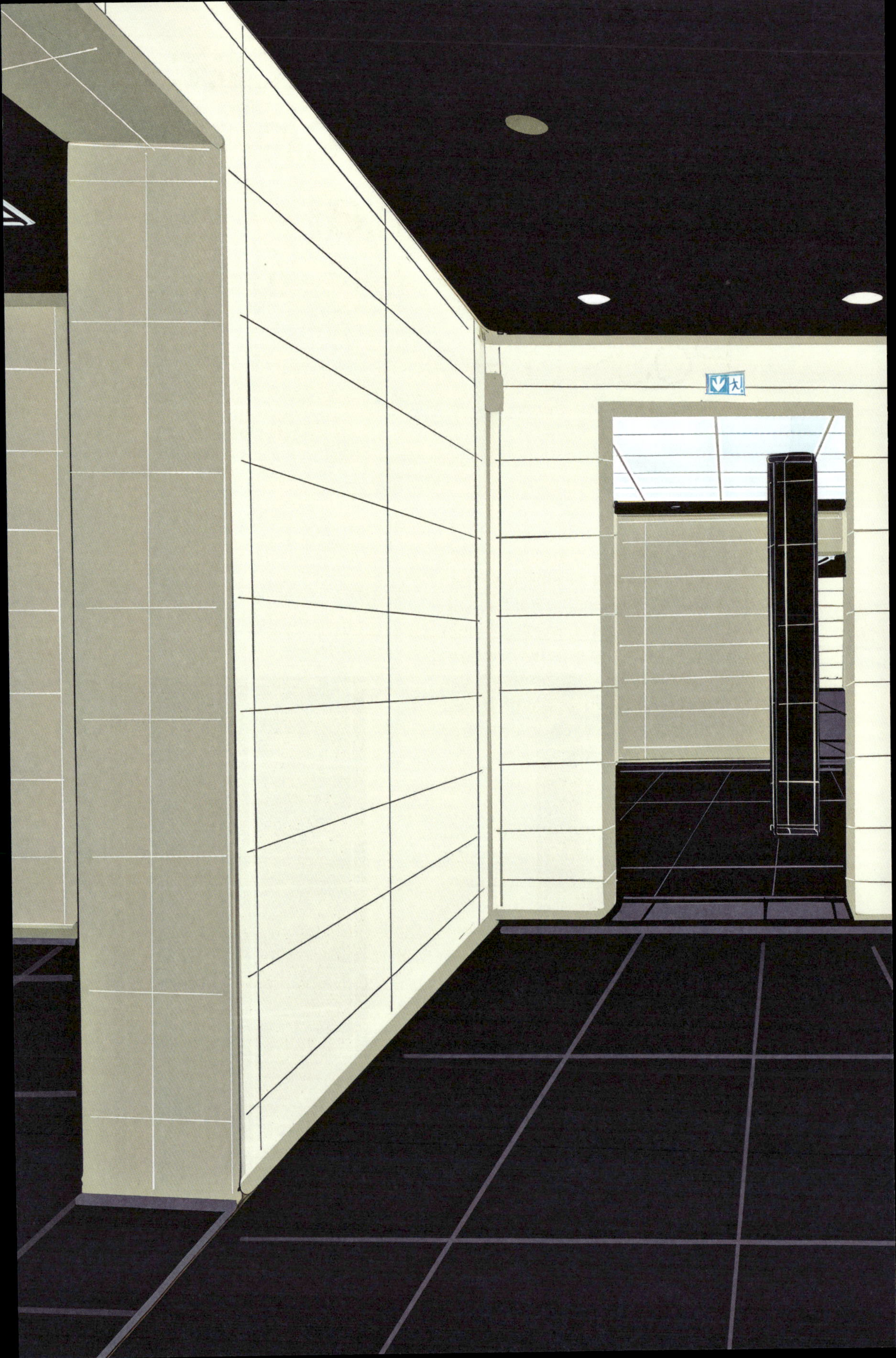

Toyin Ojih Odutola: Von der Möglichkeit anderer Welten / Other Worlds Are Possible

Leigh Raiford

Die Figur ist direkt vor uns – überlebensgroß. Und doch bleibt sie schwer fassbar, unlesbar. Ihr Gesicht liegt im Schatten. Die Haut schimmert, wie ein sich stetig wandelndes Prisma aus Brauntönen und stählernem Veilchenblau, durchbrochen von schwarzem Stoff, der den Unterleib bedeckt, und einem blutroten Handschuh am Handgelenk. Der rechte Arm streckt sich nach oben, und verschwindet hinter einem Kopf mit kurzen Haaren – oder vielleicht gar keinem Haar?

Der nackte, muskulöse Oberkörper ist uns zugewandt, doch bleibt unklar, ob es sich hier um Brüste oder Brustmuskeln handelt. Die Figur ruht zum Teil auf einer glänzenden Oberfläche, die das Licht bricht und reflektiert – eine Oberfläche, die Tiefe erzeugt und mit der Perspektive spielt. Ihr Winkel ist bewusst mehrdeutig angelegt: Lehnt die Figur an einer Wand? Liegt sie auf dem Boden? Oder schlüpft sie durch ein Portal? Die Figur teilt sich die Leinwand mit Schatten – oder sind es Geister? – die von den Rändern des Bildes hereindrängen und sich zur Mitte hin in dunklen Abstraktionen verdichten. Der Titel der Zeichnung, *I Wish You Rest (Nature Girl)*, gibt eine vage Richtung vor, einen Hinweis auf Thema und Geschichte. Und doch bleibt vieles an diesem Bild im Ungewissen – geheimnisvoll, offen.

The figure is right in front of us, and it is larger than life. Yet the figure is elusive, unreadable. The face is shrouded in shadow. The skin is a moving prism of browns and steely periwinkle, punctuated by black fabric that covers their groin and a gauntlet on their wrist the colour of fresh blood. The right arm stretches up and behind a head with short hair (or perhaps no hair). The bare, muscular torso opens up to us, but it is unclear if those are breasts or pectorals. The figure partially reclines on an opulent surface that both reflects and refracts light, at once adding depth to the image and unsettling our perspective. Indeed, the angle of the surface is ambiguous: is the figure leaning against a wall, lying on a floor

Toyin Ojih Odutolas Kunstwerke stellen seit geraumer Zeit zur Disposition, was wir über die materielle Welt und ihre Repräsentationen zu wissen glauben: Was sehen wir, wenn wir Schwarze Haut betrachten? Was stellen wir uns unter Reichtum vor und wem gehört er? Wie wird durch Bilder Bedeutung erzeugt und aufgehoben? Was ist überhaupt Geschlecht? Ojih Odutola stellt uns diese Fragen nicht, weil sie Antworten darauf hat, sondern weil sie selbst die Möglichkeitsräume auslotet, die sich im Stellen dieser Fragen auftun.

Ojih Odutolas erste Zeichnungen, zunächst mit Kugelschreiber, später mit Kohle und Pastell gefertigt, befreiten Blackness aus den Zwängen der Repräsentation – durch die bewusste Entscheidung für Fantasie und Surrealismus statt bloßer Wirklichkeitsnähe. In Porträts, die meist nur eine oder zwei isolierte Figuren vor dem neutralen, weißen Grund des

or slipping through a portal? The figure shares the canvas with shadows, or perhaps spirits, that spill from the work's edges, pooling in dark abstractions towards the centre. The drawing's title, *I Wish You Rest (Nature Girl)*, provides some guidance about the drawing's subject and story, yet so much about the image remains a mystery.

Toyin Ojih Odutola's artwork has long upended what we think we know about the material world and its representations: what are we looking at when we look at Black skin? What do we imagine wealth to be and to whom does it belong? How is meaning made and unmade through visual images? What is gender even? Ojih Odutola poses these questions to us not because she has answers but because she herself is working out the possibilities.

Ojih Odutola's earliest drawings made with ballpoint pen, and soon after with charcoal and pastel, unlocked blackness from a kind of prison house of representation by choosing fantasy

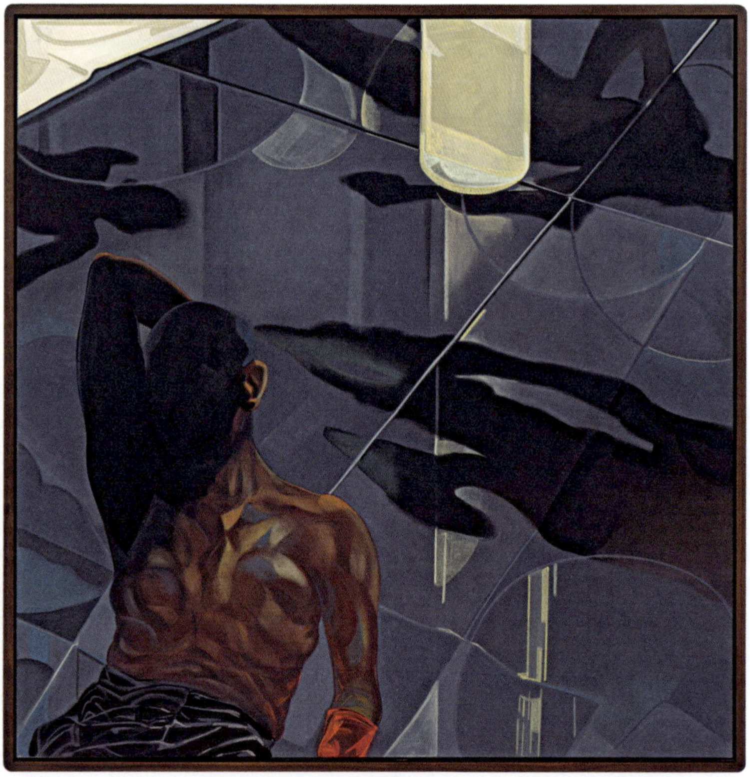

Toyin Ojih Odutola, *I Wish You Rest (Nature Girl)*, 2023 – 2024, Pastellkreide und Kohle auf Leinen / pastel and charcoal on linen, 203,5 × 203,5 cm (ohne Rahmen / without frame), Courtesy of the artist and Jack Shainman Gallery, New York, NY

Papiers zeigen, rückt Ojih Odutola Schwarze Haut als lebendige Präsenz und als Anlass für Kontemplation ins Zentrum. Ihre Darstellung von Haut zeugt von einer Fülle an Textur. Haut als Gewebe, als Sehne – Blackness erscheint hier sowohl als textile Hülle wie auch als innere Struktur, die der Oberfläche ihre Stabilität verleiht. Gleichzeitig ließe sich die Haut in ihren Zeichnungen auch als stark gestreift beschreiben: Haut als geologische Formationen und geografische Kartierungen, die Schwarzsein als Produkt von Zeit und Ort suggerieren, zugleich natürlich und von Menschenhand gemacht. Dabei ist die Haut in Ojih Odutolas Werk immer in Bewegung: Linien hören auf und beginnen wieder, verweben sich untereinander, überlagern sich, suggerieren eine Dreidimensionalität und erinnern uns daran, dass es so vieles gibt, was wir nicht sehen können.

Die Wirkung dieser frühen Zeichnungen – ihr unverwechselbarer Stil, ihr Einfallsreichtum – war tiefgreifend. Neben der Teilnahme an zahlreichen Gruppen- und Einzelausstellungen in den Vereinigten Staaten waren Ojih Odutolas Werke auch in Claudia Rankines mehrfach preisgekröntem Buch *Citizen: An American Lyric* (2014) zu sehen und wurden 2015 in die beliebte Fernsehserie *Empire* integriert. Diese frühen Werke zeichnen Wege um, durch und über das Schwarzsein hinaus.

Ein Aufenthalt im Headlands Center for the Arts in den Küstenwäldern Nordkaliforniens im Jahr 2016 bot Ojih Odutola Raum und Zeit, um ihre Ideen auszuarbeiten. Mit ihrer einzigartigen Darstellung von Haut als Grundlage wuchsen ihre Werke bald in Größe, Farbgebung und vor allem in ihrer narrativen Struktur. Die einzelne Figur und die verschlungene Topografie der Haut waren nicht länger eine in sich abgeschlossene Geschichte. Nun entwickelte Ojih Odutola eine generationenübergreifende Erzählung über fiktive nigerianische Adelshäuser aus zwei Jahrhunderten. Ojih Odutola ist keine Porträtistin, sondern Kuratorin und rechte Hand der schwulen Patriarchen des UmuEze-Amara-Clans und des Hauses Obafemi; nicht als Künstlerin, sondern als Bewahrerin der umfangreichen

and surrealism over verisimilitude. In portraits featuring usually no more than one or two subjects isolated against the backdrop of plain white paper, Ojih Odutola foregrounds Black skin as a living entity and a site for contemplation. We might describe Ojih Odutola's treatment of skin as richly textured. Skin as fabric, as sinew, suggesting blackness as both a textile covering and as the structure which gives the surface its strength. We might also describe skin in her drawings as heavily striated. Skin as geological formations and geographic mappings, suggesting blackness as a product of time and place, at once natural and human made. But always, skin in Ojih Odutola's work is in motion: lines stop and start, weave under and over one another, proposing a three dimensionality and reminding us that there remains much that we cannot see.

The impact of these early drawings – their distinctive style, their imaginativeness – was profound. In addition to inclusion in multiple group and solo shows across the United States, Ojih Odutola's works could be seen in Claudia Rankine's multi-award-winning book, *Citizen: An American Lyric* (2014) and were remade for the popular television show *Empire* in 2015. These early works chart pathways around, through and beyond blackness.

A residency at the Headlands Center for the Arts in the coastal woods of Northern California in 2016 provided Ojih Odutola space and time to elaborate her ideas. With her unique presentation of skin laying the foundation, her next works grew in size, in colour palette, and importantly, in narrative structure. No longer was the individual figure and the intricate topography of skin its own story. Now, Ojih Odutola developed an intergenerational narrative about fictional aristocratic Nigerian houses across two centuries of their history. Rather than portraitist, Ojih Odutola cast herself as curator and "private secretary" to the gay patriarchs of the UmuEze Amara Clan and the House of Obafemi; not as artist but keeper of the family's extensive collection of fine art. The five-part series – *A Matter of Fact* (2016), *To Wander Determined* (2017), *Testing the Name*, *The Firmament* and *When Legends Die* (all 2018) – consisted of sumptuous pastel, charcoal and pencil portraits of this extensive

Kunstsammlung der Familie. Die fünfteilige Serie – *A Matter of Fact* (2016), *To Wander Determined* (2017), *Testing the Name*, *The Firmament* und *When Legends Die* (letztere alle aus dem Jahr 2018) – besteht aus opulenten Pastell-, Kohle- und Bleistiftporträts dieser weit verzweigten Familie, die das unkomplizierte Verhältnis der Porträtierten zu Reichtum und Luxus aufzeigen. In der gesamten Serie platzierte Ojih Odutola verschiedene, normalerweise als antagonistisch verstandene Marker der sozialen Verortung in unmittelbarer Nähe zueinander: Schwarze Protagonist*innen werden als Besitzer*innen von Reichtum gelesen und nicht als Quelle für den Reichtum anderer; Schwarze Protagonist*innen durchqueren die Welt und sind nicht an einen bestimmten Ort gebunden; queere afrikanische Protagonist*innen werden als souverän und vollständig im Besitz ihrer Identität dargestellt und nicht als Ausgestoßene, deren Geschlechtsfluidität und sexuelle Präferenzen sie außerhalb des Schutzes eines heteronormativen Nationalstaates stellen.

In vielerlei Hinsicht eröffnete diese Serie Ojih Odutola den Raum, sich nachdrücklich von den vorherrschenden kolonialen Erzählungen darüber zu lösen, wie Schwarze Menschen in der bildenden Kunst dargestellt werden und welche Geschichten erzählt werden sollten. Während in den folgenden Werkgruppen der Schauplatz stets ein imaginäres ‚Nigeria' bleibt, wagen sich die Geschichten Ojih Odutolas weiter in das Reich der Science-Fiction, der spekulativen Vergangenheit und Zukunft, die über eine Diskussion über materiellen Reichtum und Erbe hinausgehen. *A Countervailing Theory* (2020) handelt von dem Mythos einer prähistorischen Zivilisation, die Ojih Odutola bei einer archäologischen Ausgrabung auf dem nigerianischen Jos-Plateau ‚entdeckt' hat und die von weiblichen Kriegerinnen beherrscht wird. Wir erfahren, dass es sich bei den weißen Pastellbildern auf schwarzem Hintergrund um vergrößerte Scans von Schiefertafeln handelt, die bei der Ausgrabung zutage kamen. In *Satellite* (2022) baut Protagonistin Oluwaseun, im Jahr 2050 allein in Eko (Lagos) lebend, eine Beziehung

family that detailed the sitters' easy relationship to wealth and luxury. Throughout the series, Ojih Odutola placed various markers of social location that are usually understood as antagonistic into easy proximity: Black subjects are seen as possessors of wealth, rather than the source of the wealth of others; Black protagonists are seen traversing the world, rather than fixed to any location; queer African subjects are presented as comfortably in possession of themselves, rather than as outcast-others whose gender fluidity and sexual choices render them outside the protections of a heteronormative nation-state.

In many ways, this series opened space for Ojih Odutola to emphatically shake off dominant colonial narratives about how Black people should be represented in fine art and what stories should be told. While an imagined "Nigeria" remains the locus in the collections that follow, the stories venture further into the realm of science fiction, speculative pasts and futures that move beyond a conversation about material wealth and legacy. *A Countervailing Theory* (2020) offers the myth of a prehistoric civilisation ruled by female warriors "discovered" by Ojih Odutola on an archaeological dig in Nigeria's Jos Plateau. We are informed that the white pastel images on black backgrounds are enlarged scans of shale tablets unearthed during the dig. In *Satellite* (2022), protagonist Oluwaseun, living alone in Eko (Lagos) in the year 2050, forges a relationship with Adeseun, the spirit in the machine of a digital app that helps Oluwaseun remember what they have forgotten through the trauma of everyday life. And in her contribution to *Nigeria Imaginary*, the Nigerian Pavilion group show of the 2024 Venice Biennale (subsequently expanded in a solo exhibition at Kunsthalle Basel), Ojih Odutola explores the space of the Mbari House, which across Igbo history has been variously a shrine for gods, a salon for gathering and a workshop for cultural invention, and here is a portal to commune with ancestors. Together, these series offer us other worlds beyond the legacies of colonialism. So too do they offer us possibilities for living otherwise in our current world: these protagonists find ways to care for each other, to connect with the living and the dead, with the human and

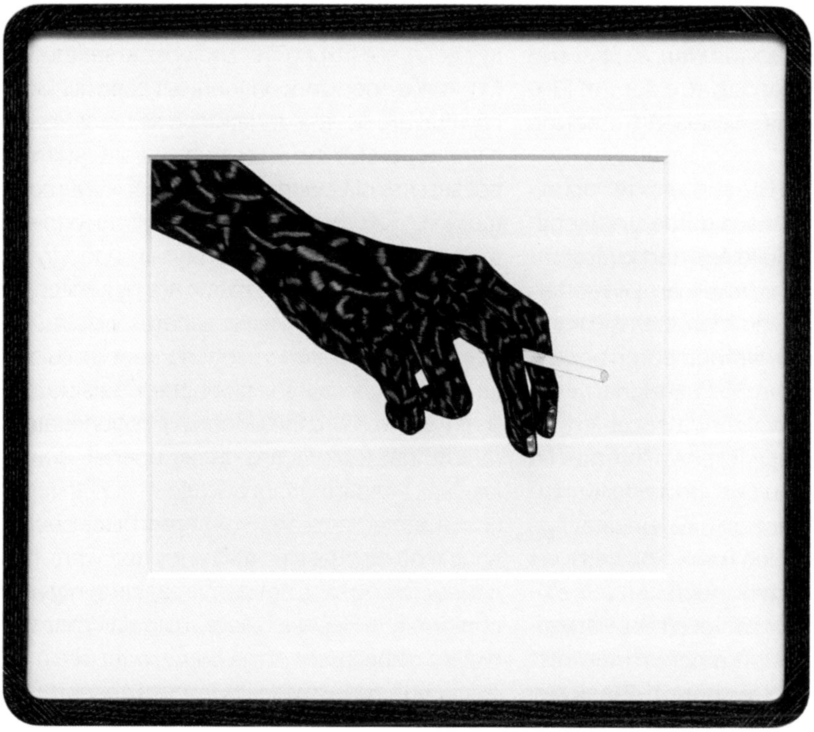

Toyin Ojih Odutola, *My Only Constant*, 2019, Tintenschreiber und Graphit auf Papier / ballpoint pen ink and graphite on paper, 28 × 35,5 cm (ohne Rahmen / without frame), Courtesy of the artist and Jack Shainman Gallery, New York, NY

zu Adeseun auf, dem Geist einer digitalen App, die Oluwaseun hilft, sich an das zu erinnern, was durch das Trauma des Alltags in Vergessenheit geraten ist. Und in ihrem Beitrag zu *Nigeria Imaginary*, der Gruppenausstellung des nigerianischen Pavillons auf der Biennale 2024 in Venedig (die anschließend in einer Einzelausstellung in der Kunsthalle Basel erweitert wurde), erkundet Ojih Odutola den Raum des Mbari-Hauses, das im Laufe der Geschichte der Igbo in unterschiedlicher Weise ein Schrein für Gottheiten, ein Salon für Zusammenkünfte und eine Werkstatt für kulturelle Erfindungen war und hier zum Portal für die Kommunikation mit Ahn*innen wird. Gemeinsam gewähren uns diese Serien Einblicke in andere Welten jenseits des kolonialen Erbes. Ebenso bieten sie uns Möglichkeiten für ein anderes Leben in unserer heutigen Welt: Diese Protagonist*innen finden Wege, sich umeinander zu kümmern, sich mit den Lebenden und den Toten, mit dem Mensch-

non-human, and to experience pleasure even as they live amidst war, or contend with loneliness and societal alienation.

These series elaborate the world-building and critical fabulation that have come to define Ojih Odutola's practice. Even more, these deeply researched narratives are propulsive, immersive and dreamlike. They are enriched by more recent experimentation with sound and text. Hers is a practice constantly testing, stretching, imagining. And this too is what draws so many to Ojih Odutola's artwork: not just its unique beauty but its capacity to confound.

Indeed, Ojih Odutola's work confounds the very category of "Black Art" into which it is often placed. "Black Art" emerged as a mid-twentieth century classification to bring attention to works by artists who, largely because of their racial identity, had been excluded from art spaces and canons. That denomination suggests then that what cohered the work was neither materials or form or even subject, but was the experience of

lichen und dem Nicht-Menschlichen zu verbinden und Freude zu empfinden, auch wenn sie inmitten von Kriegen leben oder mit Einsamkeit und gesellschaftlicher Entfremdung zu kämpfen haben.

Diese Serien sind eine Weiterentwicklung des für Ojih Odutolas Praxis mittlerweile charakteristischen Worldbuildings und kritischen Fabulierens. Mehr noch, diese intensiv recherchierten Erzählungen sind mitreißend, immersiv und träumerisch. Sie werden durch neuere Experimente mit Ton und Text bereichert. Dies ist eine Praxis des ständigen Ausprobierens, Ausdehnens und Imaginierens. Und das ist es auch, was so viele zu Ojih Odutolas Kunstwerken hinzieht: nicht nur ihre einzigartige Schönheit, sondern auch ihre Fähigkeit, uns in Erstaunen zu versetzen.

Ojih Odutolas Schaffen stellt die Kategorie ‚Black Art', in die es oft eingeordnet wird, grundlegend in Frage. Der Begriff ‚Black Art' entstand in der Mitte des 20. Jahrhunderts, um auf Werke von Künstler*innen aufmerksam zu machen, die aufgrund ihrer Hautfarbe systematisch aus Kunsträumen und kunsthistorischen Kanons ausgeschlossen worden waren. Diese Bezeichnung suggeriert, dass das, was das Werk zusammenhält, weder das Material noch die Form oder gar das Thema ist, sondern die Erfahrung der Ausgrenzung. ‚Black Art' erwies sich als bequeme Kategorie, verkürzter Rahmen und ja, als abgedroschenes Marketinginstrument. Die konventionelle Kunstgeschichte möchte uns glauben machen, dass Blackness ein selbstverständliches Erklärungsinstrument sei. Doch wie wir alle wissen und wie uns Ojih Odutolas Arbeit vor Augen führt, ist Blackness sehr vielschichtig. Und als solches lässt sie sich nicht auf die vereinfachte Kategorie der ‚Identität' reduzieren oder für ein phantasieloses Publikum ‚lesbar' machen.

Die Liste der Krisen, unter denen wir heute leiden, lässt sich um eine Krise der Vorstellungskraft ergänzen. Überall auf der Welt haben das Scheitern der neoliberalen Politik und die Angst vor multikulturellen Demokratien zu einer Rückkehr zum Faschismus geführt. Der Faschismus bietet eine Welt

exclusion. "Black Art" proved a convenient category, a shortcut frame, and yes, a hackneyed marketing tool. Conventional art history would have us believe that "Black" is a self-evident explanatory tool. But blackness, as we all know and as Ojih Odutola's work shows us, contains multitudes. And as such, it cannot be reduced to the simplified category of "identity" or made to be "legible" for unimaginative audiences.

Indeed, add to the list of crises we are suffering in our contemporary moment a crisis of imagination. Across the globe, the failure of neoliberal policies and the fear of multiracial democracies have led to a turn back(wards) towards fascism. Fascism offers a world of simple solutions, strongman leadership, corporate governance that emphasises efficiency over care. It is a turn inward. Fascism demands certainty and conformity. It desires reliably rigid narratives of history, of the family, of the body politic, of the individual body. Aesthetically, fascism abhors fluidity, ambiguity, creativity. Fascism insists on hard lines, harder divisions, hardened people.

What if instead we embraced Ojih Odutola's aqueous dreamscapes, mercurial bodies and evocative opacities as an invitation to imagine new ways of being? In this space, another world is not only possible; it is already here.

der einfachen Lösungen, der starken Führung, der Unternehmensführung, die die Effizienz über die Fürsorge stellt. Er ist eine Abkehr nach innen. Der Faschismus verlangt Sicherheit und Konformität. Er verlangt nach verlässlichen, starren Erzählungen über die Geschichte, die Familie, den politischen Körper und den individuellen Körper. Ästhetisch gesehen verabscheut der Faschismus das Fluide, die Ambiguität, die Kreativität. Er besteht auf harten Grenzen, härteren Abgrenzungen, verhärteten Menschen.

Was wäre, wenn wir uns stattdessen auf Ojih Odutolas aquatische Traumlandschaften, quecksilbrige Körper und beschwörende Undurchsichtigkeiten einlassen würden, um uns neue Möglichkeiten des Seins vorzustellen? In diesem Raum ist eine andere Welt nicht nur möglich, sie ist bereits da.

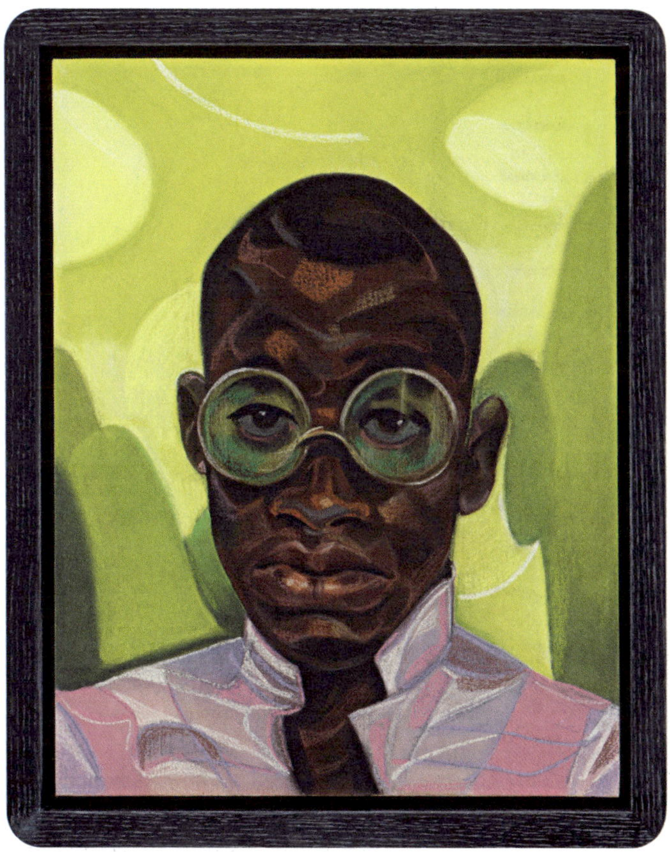

Toyin Ojih Odutola, *Agitated Accountant,* 2024–2025, Pastellkreide und Kohle auf Holzplatte / pastel and charcoal on board, 51 × 40,5 cm (ohne Rahmen / without frame), Courtesy of the artist and Jack Shainman Gallery, New York, NY

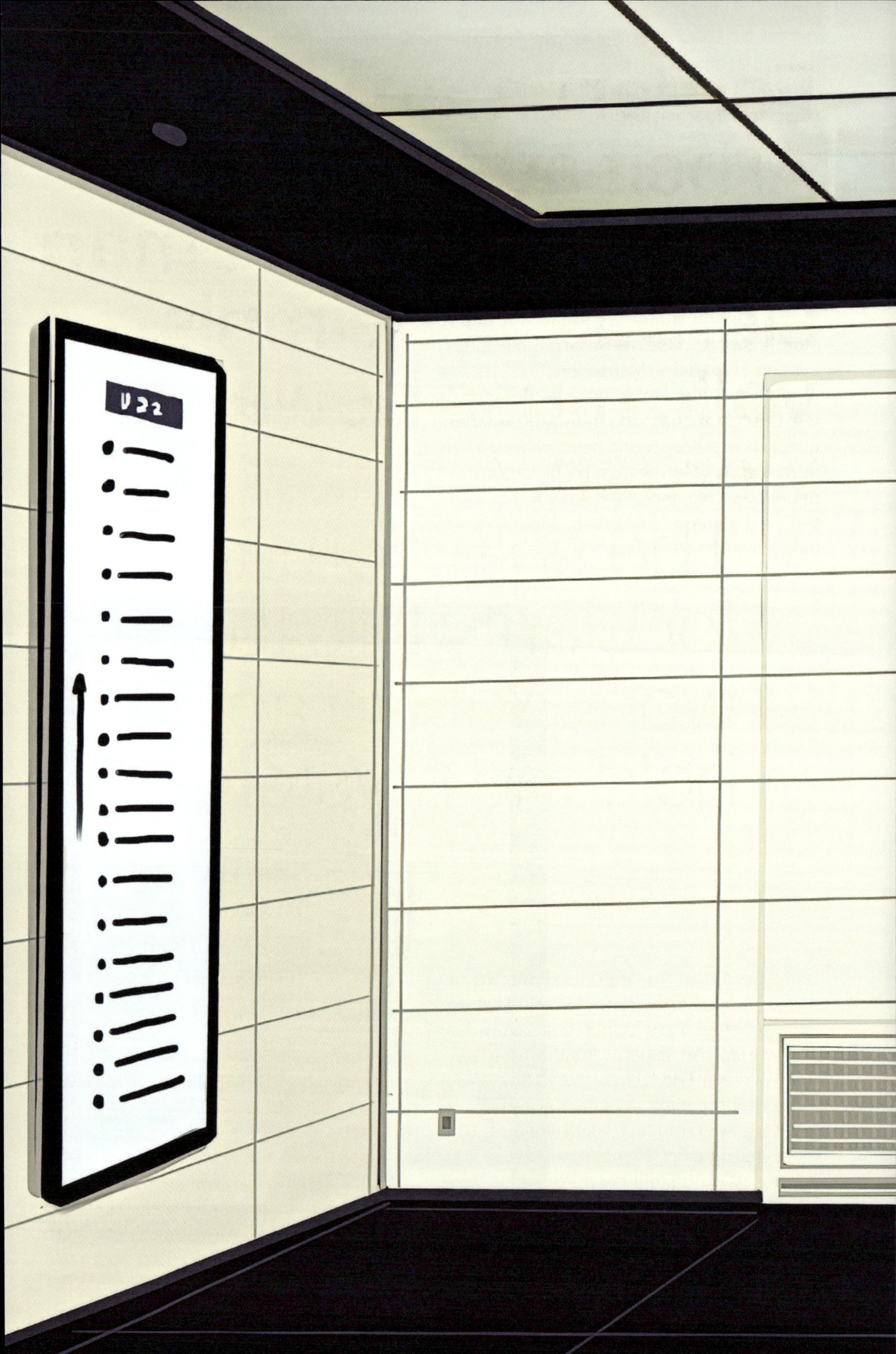
V32

Fordert man von einer Arbeit ausschließlich Klarheit, zerstört man sie. Das Geheimnis-volle muss bewahrt werden. /

The sole demand for clarity kills the work. You've got to hold the mystery.

Sam Bardaouil im Gespräch mit /
in Conversation with
Toyin Ojih Odutola

Sam Bardaouil: Zu Beginn möchte ich mit dir über Narrative und World-Building sprechen. Viele deiner Arbeiten wirken wie eine Art visuelle Literatur. Steht man vor einem Bild, hat man sofort das Gefühl, es müsse mehr dahinterstecken. Durch fragmentarisches, nicht-lineares Storytelling erschaffst du spekulative Welten. Wie entsteht die narrative Struktur deiner Zeichnungen? Hast du von Anfang an eine vollständig entwickelte Story im Kopf und erzählst sie dann in den Arbeiten oder entsteht diese während des Arbeitsprozesses?

Sam Bardaouil: I'd like to start by talking about narrative and world building. Your work often functions as a kind of visual literature. When standing in front of your pieces, people immediately feel that there's something beyond the image. You build speculative worlds through fragmented, non-linear storytelling. How do you think about narrative structure in your drawings? Do you start with a fully formed story and then tell it

Toyin Ojih Odutola: Das hängt von der Story ab. Als Grundlage für meine im Barbican Centre gezeigte Installation *A Countervailing Theory* diente ein Text, den ich schon vor dem Auftrag geschrieben und über einige Jahre weiterentwickelt und ausgearbeitet hatte. Aus Produktionsgründen hat sich dieser Prozess gewandelt. Wenn mich etwas innerlich beschäftigt oder ich etwas sehe oder erlebe, beginne ich zu zeichnen. Dann schaue ich mir das Bild und die Figur, die ich zeichne, an und versuche zu ergründen, was sie mir sagen wollen. Besser kann ich es nicht beschreiben. Um ein Beispiel zu nennen, möchte ich erklären, wie ich auf den Titel *Balogun Market Vintage* kam: Je länger ich die Zeichnung betrachtet habe, umso deutlicher hatte ich den Balogun Market in Lagos vor Augen, wo ein junger Mensch heute Vintage-Sachen aus der postkolonialen Zeit, aus den 1970er Jahren finden kann... erst dadurch wurde das Bild vollständig. Eigentlich beginnt es immer mit einer Figur. Dann suche ich nach einem Ort, von dem aus mich die Figur losschickt. Die Welt entsteht dann quasi von allein. Aber ich achte darauf, dass eine Arbeit auch außerhalb des Rahmens existiert, sie darf nicht darin gefangen sein, weshalb ich nicht-lineare Narrative bevorzuge. Außerdem fügt jede*r Betrachter*in dem Bild etwas hinzu, das ich nicht ignorieren möchte. Indem ich die Bilder nie ganz ‚fertigstelle', lasse ich dem Publikum den Raum dafür. Oft fragen mich Betrachter*innen, ob das, was sie in einem Bild zu sehen meinen, richtig ist. Ich habe keine Ahnung, was ich darauf antworten soll.

SB: 2017 habe ich deine Ausstellung *To Wander Determined* im Whitney Museum in New York besucht. Dort hast du die fiktiven Adelsfamilien UmuEze Amara und Obafemi eingeführt. Was hat es mit diesen Familien auf sich? Sind sie eine Metapher?

TOO: Sie sind definitiv eine Metapher, und mit ihrer Story habe ich versucht, Fan Fiction zu schreiben. Ich gehöre der Generation an, die ständig online ist und sich auf Websites wie

through the work, or does the story emerge through the process?

Toyin Ojih Odutola: It depends on the story. My installation, *A Countervailing Theory* at the Barbican Centre, was based on something I'd written out ahead of the commission, that I had fully built and given depth and texture to over some years. Due to scheduling, the process has shifted.

I start drawing, responding to something inside or around me. And then I look at the picture and the figure I'm drawing, trying to understand what they're telling me.

It's the closest I can describe it. For instance, how I arrived at locating *Balogun Market Vintage*: the more I looked at it, the more Balogun Market in Lagos came to mind as a place where a young person might find vintage clothing from the postcolonial era, the 1970s... and that completed the picture. It usually begins with the character. I search for a place out from where the figure directs me and then the world building somehow invents itself. But I'm attuned to making sure that my work exists outside of the frame, it can't just be contained there, which is why I prefer non-linear narratives. There's also something that you bring as a viewer which I don't want to discount. I always leave room for that by not fully "completing" the image in some way. Oftentimes people ask me if what they think they see in my pictures is correct. I have no idea what to do with that question.

SB: In 2017, I saw *To Wander Determined* at the Whitney Museum in New York. There you introduced the two fictional aristocratic families UmuEze Amara and Obafemi. What's the story of these families? Are they a metaphor?

TOO: There's definitely metaphor, and with that story I was trying my hand at fan fiction. I'm of that chronically online generation where the social networking site DeviantArt and comics il-

DeviantArt und in Illustratoren-Foren tummelt, wo man überall auf fiktive Stammbäume für beliebte Comicfiguren und andere Idole stößt. Meine Arbeit sollte eine Hommage daran sein. Im Grunde wollte ich aber die Geschichte eines männlichen Liebespaars in Nigeria erforschen. Damit sich die Männer ineinander verlieben konnten, ohne ihre Freiheit aufs Spiel zu setzen, und zu ihrem Schutz, musste ich sie einer bestimmten Klasse zuschreiben.

Damals, um 2016, trat Donald Trump als Präsidentschaftskandidat an, und alles, was ihn für das Amt qualifizierte, war anscheinend sein Vermögen. Ich bin aus einem Land immigriert, das für Scamming berüchtigt ist, und weiß, dass Reichtum nicht nur den Blick auf Communitys, sondern auch das Selbstbild dieser Menschen verzerrt. Ich wollte vermeiden, dass meine Figuren davon korrumpiert werden. In Westafrika gibt es viele reiche Menschen à la Trump, aber ich wollte die beiden Männer durch einen anderen Frame betrachten. Die Beziehung von Temitope und Jideofor war der Anker. Das sorgte für die nötige Ruhe, um ihr Innenleben zu erkunden. Von dort aus konnte ich dann die Serie entwickeln und mir unvoreingenommen eine Familiendynamik ausdenken, mitsamt den vielen kleinen, witzigen Details, wie man sie aus Fan Fiction kennt. Als Metapher funktionierte der Reichtum trotzdem; ich weigerte mich einfach, die Schrecken des Kolonialismus abzubilden. Zeigt man figurative Darstellungen von Afrikaner*innen außerhalb des Kontinents und im Frame des ‚Eroberers', muss man selbst heute noch auf die Geschichte der Grausamkeiten und des Schmerzes hinweisen, um dem Publikum das Verständnis zu erleichtern. Ich finde das wahnsinnig frustrierend und ermüdend. Es ist nicht meine Aufgabe, dem Publikum zu bestätigen, was es sieht, meine Bilder fungieren lediglich als Wegweiser. Meine Arbeiten sind weder endgültig, noch müssen sie ‚erobert' werden.

SB: Du hast darauf hingewiesen, dass deine Arbeiten auf spielerische, verführerische und verschmitzte Art auf den aktuellen Zeitgeist der Trump-Ära

lustration forums were laden with fictional family trees of favourite characters and idols. I was sort of paying homage. At the base, I wanted to explore a story of two men in love in Nigeria. In order for that to happen without interruptions to their freedom, in order for them to be protected, I had to engage with class.

At the time, around 2016, Donald Trump was coming in and all you heard about his qualifications had to do with his wealth. I was hearing about it as someone who migrated from a country known for scammers. I witnessed how wealth corrupted the way communities were seen and how they saw themselves. I didn't want my characters to be corrupted in the same way. There are many wealthy West Africans who are like Trump, but I wanted to see these two men through a different frame. Temitope and Jideofor's union was the anchor. It was a self-possession, which allowed for an exploration of their interiority. From there, I could build the series and develop an unencumbered family dynamic with all those fun, little details we do in fan fiction. But in terms of metaphor, the wealth was there, I just refused to portray colonial horror.

Because what's still frustrating about our figuration outside of the continent, when you put African figures in a conqueror's frame, the history of pain and cruelty has to be evident for an audience to understand. I find that very tiresome.

What you see is not for me to confirm, it's your guide. There's no finality or requirement to conquer in any of my efforts.

SB: What I hear you saying is that, in a very playful, seductive, mischievous way, the work is responding to the Zeitgeist of the moment to the Trump era spirit and its increasing emphasis on wealth. Yet, every time I stand in front of your drawings, they also feel suspended in time. They can be

und die immer stärkere Hervorhebung von Reichtum reagieren. Doch immer, wenn ich vor deinen Bildern stehe, wirken sie wie im positiven Sinn aus der Zeit gefallen. Sie sind sozusagen gleichzeitig zeitgenössisch und anachronistisch, real und mythisch, vertraut und fremd. Machst du dir bei der Arbeit Gedanken, auf welche Temporalität du in deinen Bildern verweisen willst?

TOO: Ich zeichne gern Dinge, die sich zeitlich nicht eindeutig zuordnen lassen, weil ich dadurch viel freier bin. Ich mag das Sonderbare und Betörende bestimmter Momente. Will man mit Temporalität spielen, besteht der Trick darin, Bilder zu schaffen, in denen autonome Figuren das Recht und den Raum haben, ihre Meinungen, Gefühle und Formen zu ändern, während sie gleichzeitig in einer referenziellen Realität verankert werden. Verstärkt wird diese Wandelbarkeit durch die Verwendung von Zeichenkohle und Pastellkreide. Ich zwinkere den Betrachtenden zu, versuche in ihnen den Wunsch zu wecken, mit ihrer Vorstellungskraft zu spielen, so wie ich es beim Zeichnen tue. Wenn die Betrachtenden sich bei einem Bild fragen, ob das wirklich in Nigeria ist, dann können sie sich da ganz sicher sein. Schließlich komme ich aus Nigeria und habe es mir so überlegt, und das bedeutet, dass sich jemand dort etwas ähnliches mit Sicherheit auch überlegt. Wir sind nicht die einzigen, die sich bestimmte Dinge vorstellen.

Zeit ist so flüchtig und schwer fassbar wie die Figuren in meinen Zeichnungen. Es könnte heute spielen oder in der Vergangenheit oder in einer unbestimmten Zukunft. In einem Bild kommt das alles zusammen. Ich hoffe, dass das Zusammenfließen die Betrachtenden nicht irritiert: Denn auch wenn etwas leicht schräg wirkt, kann man sich darin wohl und sicher fühlen. Die Gedanken können umherschweifen. Mehr muss man nicht tun. Schließlich ist Zeit, wie man so sagt, kostbar. Von jemandem zu verlangen, länger als fünf bis zehn Sekunden vor einem meiner Bilder zu verweilen, kommt einem

at the same time very contemporary and anachronistic, real and mythical, familiar and almost alien. Are you very conscious of what temporality you want to imbue into the work when you're creating it?

TOO: I enjoy drawing things that are in and out of time because it affords a lot of freedom. I love moments of whimsy and enchantment. The trick when playing with temporality is crafting and balancing an image where autonomous characters have the right and space to change their minds, expressions and forms, while grounding them in some kind of referential reality. Working with the mediums of charcoal and pastel encourages this change. I'm winking at the viewer, trying to spark the same urge to play with their own imagination as I do while drawing. If you see something and wonder, 'Is that really in Nigeria?', just know that it is, because I'm Nigerian and I thought of it, which means someone there definitely thinks it, too. We're not alone in our imaginings.

Time's as slippery and fluid as the characters in my drawings. It could be here, it could be in the past, it could be in the unforeseen future.

They all collapse in the picture. What I hope you see is that this coalesced arrangement isn't weird or odd: even when slightly askew, you're comfortable, you're safe in it. Your mind can roam. That's all you have to do. Because time, as you say, is very expensive. To demand of someone to stay in front of my work for longer than five to ten seconds nowadays seems astronomical. So I pack in as much of what I care about in marks and accents. It's the kind of expression I think is often taken for granted because the forms of embodiment are allotted to and enjoyed by a tone of a person. A kind of patina which extracts essential qualities while never having to be the one who lives in it.

SB: Many of your works evoke the presence of a history: the history of the person

heutzutage ziemlich astronomisch vor. Deshalb stecke ich von dem, was mir wichtig ist, so viel wie möglich in die Markierungen und Akzente. Ich glaube, diese Art des Ausdrucks wird gern übersehen, weil Ausdrucksformen nur Menschen mit bestimmten Hauttönen zugestanden und von diesen dann goutiert werden. Fast wie eine Patina, die wesentliche Eigenschaften extrahiert, ohne jemals dieses Leben geführt zu haben.

SB: In vielen deiner Arbeiten wird die Präsenz einer Geschichte heraufbeschworen: die Geschichte einer Person oder eines Ortes, die dabei nicht starr ist, sondern wandelbar bleibt. Wie gehst du mit dem Verhältnis von persönlicher und kollektiver Geschichte, von persönlicher und kollektiver Erinnerung um? Alles befindet sich im Wandel, verschiedene Ebenen tauchen auf und wandern wieder in den Hintergrund.

TOO: Weil ich mich unablässig mit den verschiedenen Perspektiven innerhalb meiner Familie mit ihren vielfältigen gesellschaftlichen Zugehörigkeiten und Überzeugungen auseinandersetze, empfinde ich Zeit wohl als flexibel und intuitiv erfassbar. Aus einer Sorgfaltspflicht heraus bin ich ständig bemüht, diese Kulturen in meine Arbeiten mit aufzunehmen. Allerdings hat Chimamanda Ngozi Adichie einmal gefragt: „Wer hat gesagt, dass wir eine Kultur nicht verändern dürfen?"[1] Die Bereitschaft, etwas neu zusammenzusetzen und zu transformieren, hat auch mit Humor zu tun. Das hat sich auf mein Verständnis von Geschichte ausgewirkt. Immer wenn ich etwas Konkretes recherchieren wollte, bin ich auf Hindernisse gestoßen, weil durch die Migration meiner Familie vieles verloren gegangen ist und unsere Erinnerungen durch diesen Bruch beeinflusst wurden und etliches im Widerspruch zum kolonialen Narrativ steht. Dadurch entsteht Reibung. Deshalb gibt es in meinen Arbeiten wohl auch so viele Spannungen. Für meine letzte Ausstellung habe ich zu den Mbari-Häusern recherchiert und gearbeitet; das sind Schreine, die von

or place, which is not a rigid history but one that might be changed. How do you navigate the relationship between personal and collective history, and personal and collective memory? There's all these shifting, different layers that appear and then go to the back again.

TOO: I think having to constantly commune with different perspectives within my family, where many tribal affiliations and beliefs reside, renders time as instinctive and flexible. I'm constantly straddling and trying to include these cultures as due diligence within my works. But Chimamanda Ngozi Adichie once asked, 'Who says we cannot change culture?'[1] That willingness to remix, reconfigure and transform is also a sense of humour. That's how I've come to understand history as well. Whenever I was researching something specific, I would always come to a roadblock of either what was lost from my family's migration, and how our memories were impacted by that separation, versus the colonial narrative. It creates friction. I think that's why there's a lot of tension in my work. In my last show, I researched and worked within the frame of Mbari houses, which are sacred shrines built by Owerri Igbo artists near my grandmother's childhood village. People would visit and make oblations to the gods, mainly to the goddess Ala. Every source I found was a white person who'd gone to Nigeria and catalogued it, or a colonial officer in charge of overseeing the destruction of it, or a reclamation project. Given the time allotted to complete the series, I rarely found unmediated local sources. So, I had to resort to my imagination to fill the gaps in history, of which there are many. I have to take care with how that imagination can be influenced by colonial translation, though.

---

1 Bounce, „BLACKBOXINTERVIEW Feat. Chimamanda Ngozi Adichie| Part 1", 1. Januar 2021, https://www.youtube.com/watch?v=z_Ec4dtjn1Y, zuletzt abgerufen am 20. März 2025.

---

1 Bounce, "BLACKBOXINTERVIEW Feat. Chimamanda Ngozi Adichie | Part 1", 1 January 2021, https://www.youtube.com/watch?v=z_Ec4dtjn1Y, last accessed on 20 March 2025.

Owerri-Igbo-Künstler*innen in der Nähe des Dorfes errichtet wurden, in dem meine Großmutter aufwuchs. Die Menschen besuchten diese Häuser und brachten den Göttern und Göttinnen Opfer dar, vor allem der Göttin Ala. Doch jede Quelle, die ich dazu fand, stammte von *Weißen*, die nach Nigeria gekommen waren, um Dinge zu katalogisieren, oder von Kolonialbeamten, die für die Zerstörung dieser Bauwerke oder für die Urbarmachung von Land verantwortlich waren. Da der zeitliche Rahmen für die Fertigstellung der Serie begrenzt war, konnte ich kaum authentische lokale Quellen ausfindig machen. Um die vielen historischen Lücken zu füllen, musste ich daher auf meine Fantasie zurückgreifen. Trotzdem muss ich aufpassen, weil auch die Fantasie von kolonialen Übertragungen beeinflusst werden kann.

SB: Neben dem Zusammenwirken von verschiedenen Zeiten und Geschichten gibt es in deinen Arbeiten noch eine Dynamik, die ich total bewundere. Manchmal ärgere mich fast ein bisschen über sie oder sagen wir, sie fordert mich heraus. Ich meine dieses Spannungsverhältnis zwischen Offenlegen und Vorenthalten. Die Figuren sind oft nicht vollständig, Geschichten entstehen über mehrere Bilder hinweg. Betrachtet man nur ein Bild, erschließt sich einem nicht alles. Die Betrachtenden müssen Bedeutungen zusammentragen, müssen ganz in die Bilder eintauchen.

TOO: Was spricht dagegen, den Leuten etwas zu geben, woran sie zu kauen haben? Von mir bekommen sie keinen Snack, sondern eine ganze Mahlzeit. Wenn sie zu reichhaltig erscheint, liegt das daran, dass ich es mir selbst auch abverlange. Den Leuten irgendwelche Bilder hinzuwerfen, ist nichts für mich. Das Meiste kann ich machen und die Metapher noch weiterspinnen, damit die Betrachtenden möglichst viel verdauen können. Selbst wenn ich weiß, dass ein Bild visuell stark ist oder die Figuren schon eingeführt wurden, finde ich immer noch unerklärliche

SB: There's this conflation of different times and different histories in your work, but there's another dynamic that I absolutely adore. It sometimes even annoys me, or let's say it teases me; it's this tension between revealing and withholding. The figures are often cropped, stories unfold across multiple images. You can't get the full picture by just looking at one picture. The viewer must assemble meaning, you have to really immerse yourself.

TOO: What's wrong with giving you something to chew on? It's not a snack, it's a full meal. If it seems meaty, that's because I demand it of myself.

I don't like to carelessly throw images at you. I can do the most, take the metaphor further, so you fully digest as much as you can. Even when I know a picture is visually strong, or the characters already established, I can't help but find something elusive. There has to be an element of autonomy in the drawings and series as a whole. Something even I can't solve the mystery of. The sole demand for clarity kills the work. You've got to hold the mystery. That tension is where the good stuff forms.

SB: It's almost like creating a form of life that exists on its own. You're no longer the puppet master. You enable a situation in which your characters have a life of their own and decide what they want to share.

TOO: And that can be different at different times! These drawings are active, they're alive to me. I don't want to mishandle them. I learned this lesson when I started working with ballpoint pen ink. The moment I saw how the blackest, most layered surface of marks would – at any given shift of position or light – become shimmering with copper-like viscosity. The poetry of simplicity is oxymoronic because it only achieves that elegance by conflating complexities.

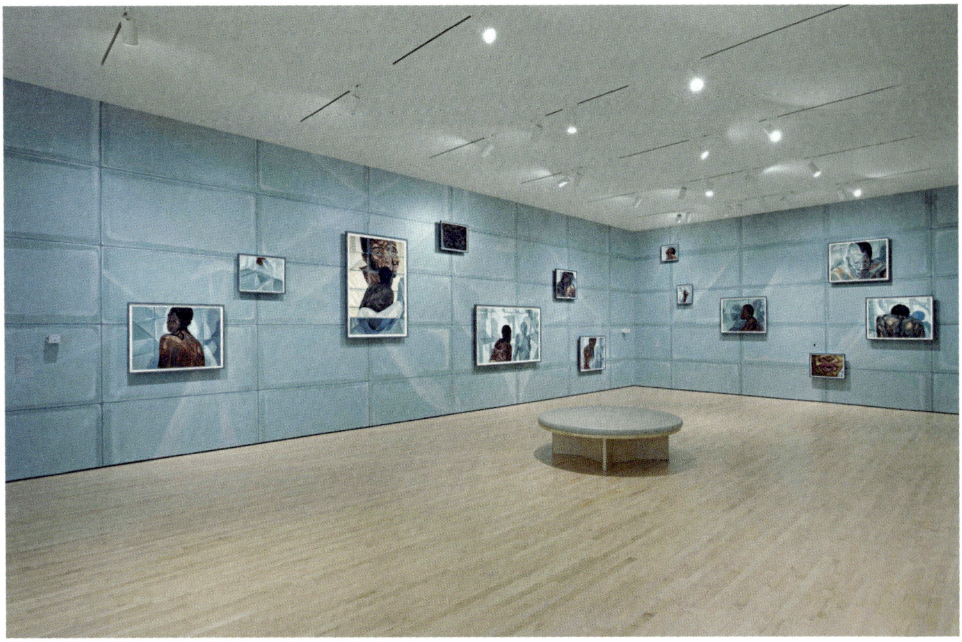

New Work: Toyin Ojih Odutola (Satellite), Ausstellungsansicht / exhibition view
San Francisco Museum of Modern Art, San Francisco, 2022

Aspekte. In den Zeichnungen und Bilderserien muss ein autonomes Element erhalten bleiben. Ein Geheimnis, das selbst ich nicht entschlüsseln kann. Fordert man von einer Arbeit ausschließlich Klarheit, zerstört man sie. Das Geheimnisvolle muss bewahrt werden. Aus dieser Spannung heraus entstehen die guten Sachen.

SB: Das klingt fast, als würdest du eine eigenständige Lebensform schaffen. Du bist nicht länger die Marionettenspielerin. Du ermöglichst eine Situation, in der deine Figuren ein Eigenleben führen und selbst entscheiden, was sie mit anderen teilen wollen.

TOO: Und was das ist, kann sich jederzeit ändern! Die Zeichnungen sind aktiv, lebendig. Ich will sie nicht schlecht behandeln. Das habe ich begriffen, als ich angefangen habe, mit Kugelschreiber zu zeichnen. Als ich gesehen habe, wie die schwärzesten, aus den meisten Schichten bestehenden Stellen bei jeder Verschiebung der Position oder des Lichts mit kupferartiger Viskosität zu schimmern begannen. Die Poesie der Einfachheit ist im Grunde

The reveal that a single drawing, or an individual, holding multiple degrees of light and dark, transformed my idea of what a portrait could be, what blackness was, and exposed the lie that any kind of singularity exists.

This discovery wasn't my doing. It was the work asserting itself. It was no longer neutral.

SB: So at what point do you feel like you're ready to let your drawings go?

TOO: When the deadline is tomorrow... But seriously, sometimes it just tells me and sometimes it's out of my hands. Finding the grace, balancing the unfamiliar or unexplained alongside elements or details that are recognisable reminders... I know if I add anything more or take anything else away from that, I'll ruin it.

SB: Let's talk about materiality, technique and process. When did you first realise that you're really good at drawing, that you're an

ein Oxymoron, weil Schönheit nur entstehen kann, wenn komplexe Sachverhalte miteinander verschmelzen. Die Erkenntnis, dass eine Zeichnung oder eine Person verschiedene Abstufungen von Licht und Dunkelheit enthalten kann, hat meine Vorstellung von Porträtmalerei und den Möglichkeiten von Schwarz verändert und mir klar gemacht, dass die Idee von Einzigartigkeit eine Lüge ist. Eigentlich habe ich das nicht von allein entdeckt. Es waren die Arbeiten, die sich durchgesetzt haben. Sie hatten ihre Neutralität verloren.

SB: Wann hast du eigentlich das Gefühl, dass du eine Arbeit loslassen kannst?

TOO: Wenn die Deadline am nächsten Tag ist... Nein, im Ernst, manchmal weist sie mich selbst darauf hin, manchmal habe ich keinen Einfluss darauf. Wenn ich die richtige Balance gefunden habe zwischen ungewohnten oder unerklärlichen Elementen und den Details, die sich wiedererkennen lassen... dann weiß ich, ich würde das Bild zerstören, wenn ich noch irgendetwas hinzufügen oder wegnehmen würde.

SB: Reden wir über Materialität, Technik und Entwicklung. Wann ist dir klar geworden, dass du sehr gut zeichnen kannst, dass du eine Künstlerin bist und dich als solche der Welt präsentieren willst?

TOO: Als Kind habe ich immerzu gezeichnet, weil es das Einzige war, was mich beruhigt hat. Wenn du denkst, ich würde lügen, kannst du gerne meine Momma + meinen Pops fragen! Mit gutem Gewissen als Künstlerin bezeichnet habe ich mich erst mit dreißig. Es ist schon komisch – aber sonst kann ich nichts besonders gut. In einer Zombie-Apokalypse oder in einer Survival-Situation wäre ich zu nichts zu gebrauchen. Obwohl, Geschirr spülen nach dem Essen, darin bin ich auch echt gut.

SB: (lacht) Obwohl du Kunst studiert hast, hast du dich also nicht als Künstlerin bezeichnet?

artist and that that was how you were going to present yourself to the world?

TOO: As a kid, you always found me drawing because it was the only activity that calmed me down. Ask my Momma + Pops, if you say I'm lying! I wasn't comfortable calling myself an artist until 30 years old. I mean, it's weird – I'm no good at anything else. I'd be useless in a survival or zombie apocalypse situation. I do clean dishes after dinner really well, though.

SB: (Laughs) You didn't call yourself an artist even though you had studied before?

TOO: I think it's similar to being an author. The more diverse and intentioned the books you read, the better you write. It doesn't matter who or what you look at – I grew up with very limited access to first-hand views – so whenever I get a chance to visit a museum or gallery, I jump at it. It's such a special thing to spend time intimately acquainting with another human's output. When I was a kid that was only accessible through books or the internet. It's not the same. When you see how another artist stumbled through a surface in person, you're less harsh on yourself. And you often discover that the mistakes made and imperfections formed are actually what make their works engaging. Often, it's not verisimilitude; it's the elegance found in how the artist explores and shares on the surface how they arrived at their conclusions.

But in terms of knowing when and if you're good? I don't know – that's not what I'm thinking about when drawing. You hear how seasoned performers still get stage fright? It's the same whenever I see a blank surface. With every opportunity, I want to learn and test my engagement. Because of this, the process of making inevitably shifts. I'm trying something each time, adjusting how I articulate a language to form new meanings.

There are times when it's beautiful, like butter, when everything works and your mind and your hand are in sync. And then there

TOO: Bei Autor*innen ist das wohl ähnlich. Je vielfältiger die Bücher sind, die sie lesen, umso besser schreiben sie auch. Wen oder was man sich anschaut, ist gar nicht so wichtig – als Kind und Jugendliche hatte ich nur sehr begrenzten Zugang zu Ausstellungen, deshalb bin ich sofort dabei, wenn ich ein Museum oder eine Galerie besuchen kann. Sich mit dem, was ein anderer Mensch geschaffen hat, vertraut zu machen, ist etwas ganz Besonderes. Als Kind war mir das nur durch Bücher oder übers Internet möglich. Das ist nicht dasselbe. Wenn man sieht, wie sich ein*e andere*r Künstler*in mit einer Fläche abgemüht hat, geht man mit sich selbst nicht so hart ins Gericht. Oft erkennt man dann, dass es die Fehler und Schwächen sind, die eine Arbeit erst interessant machen. Um Wirklichkeitsnähe geht es häufig gar nicht; es geht um die Schönheit, die sich darin zeigt, wie ein*e Künstler*in uns auf der Fläche mitteilt, wie sie oder er auf ihre oder seine Lösung gekommen ist.

Aber die Frage, wann man weiß, ob etwas gut geworden ist oder ob man selbst gut ist? Mhm, damit beschäftige ich mich beim Zeichnen eigentlich nicht. Wir wissen ja, dass selbst erfahrene Schauspieler*innen Lampenfieber haben. So geht's mir, wenn ich eine leere Fläche sehe, auch. Ich nutze jede Gelegenheit, um meinen Einsatz zu testen. Deshalb wandelt sich auch der Arbeitsprozess ständig. Jedes Mal versuche ich etwas anderes, passe meine Sprache an, um neue Bedeutungen zu schaffen. Manchmal läuft es richtig rund, wie Butter, wenn alles klappt und Kopf und Hand synchron arbeiten. Dann wieder gibt es Tage, wenn die Striche nicht gelingen wollen, wenn die Unmittelbarkeit fehlt… Solche Tage sind ganz schön demotivierend. Aber ich finde es wichtig, zu zeigen, dass man bei jedem Versuch bei null anfängt und dass das nicht so furchtbar ist, wie man vielleicht denken mag. Lediglich die Perspektive hat sich verändert. Du hast gelebt. Dies und das ist passiert, und du bringst neue Impulse in deine Arbeit ein. Gerne denke ich auch an das, was meine Großmutter oft zu mir gesagt hat: „Alles halb so schlimm!"

are days when the lines don't want to come, the directness isn't there…

Those are pretty demoralising days. But I think it's important to show that, with every trial, you're starting from square one and it's not as scary as you think. It's just that the perspective has shifted. You've lived. Stuff has happened and you're bringing new input to the work. Also, thinking of how my grandmother would remind me, 'It's not that serious!'

SB: Let's talk about mark-making next. I think your mark-making, whether through ballpoint pen, pastel or charcoal, creates surfaces that feel almost topographical, be they skin, fabric or even landscapes. How do you approach the materiality of your images? And what role does texture play in your work?

TOO: I've always seen the figure as a terrain, as a place. When I started with ballpoint pen, the overlay of marks gave the skin of the figures tactility. Some people called it scarification, some called it the musculature underneath the epidermis. I called it landscape because it felt psychological. Drawing it out was a method of placing the feeling. A pen is a writing tool, so it was a romantic way of applying how I wrote the skin out. The landscape can be a mood or an atmosphere or it could be about time. I aim for an ecology not mimesis. When visiting the Gemäldegalerie today, I noticed how people gravitated towards the portraits. I think the reason why is because we're looking at a space in time rather than isolated individuals. It's not so much about Portraiture with a capital P. It's about the portrait becoming an arena or event – which is very dynamic – that responds to time and our environs, simultaneously. Establishing that connection conceptually was a very strong place to start from. It gave me gumption to move into charcoal and pastel.

SB: The shift from ballpoint to charcoal and pastel marks a notable change in the

SB: Reden wir über das Zeichnen. Ich finde, mit deinem Zeichnen, sei es mit Tinte, Pastellkreide oder Zeichenkohle, schaffst du Flächen, die nahezu topografisch wirken, und damit meine ich Haut, Stoff oder sogar Landschaften. Wie näherst du dich der Materialität deiner Bilder an? Und welche Rolle spielt die Textur für deine Arbeiten?

TOO: Ich habe Figuren immer als eine Art Landkarte gesehen. Als ich mit Tinte zu zeichnen begonnen habe, wurde die Haut der Figuren durch das Übereinanderschichten von Strichen richtig fühlbar. Einige haben es als Skarifizierung bezeichnet, andere verglichen es mit der Muskulatur unter der Epidermis. Ich habe es Landschaft genannt, weil es für mich eine psychologische Qualität besitzt. Es auszumalen, war eine Methode, ein Gefühl zu verorten. Ein Kugelschreiber ist ein Schreibinstrument, deshalb hat das Ausschreiben von Haut fast schon etwas Romantisches. Landschaft kann eine Stimmung oder Umgebung sein oder mit

atmosphere of your work. What did this transition open up for you, technically and conceptually?

TOO: More softness. When you're working with pen ink, it seems rough. But it's funny because when you look at those pen and ink works from 2013 to 2019, they seem soft from afar. When you come up close, you see how intense my marks are. With charcoal and pastel, it's the same. What I enjoy most about dry mediums is their versatility. You can change your mind mid-mark, which is such a gift. They're also quite volatile materials to deal with. Imagine having the ability to erase at any moment, but it's not clean. You don't erase fully, the remnants of past efforts are visible, but at least you can try again. You can cover up the mistake, but it's still there. Just softer.

SB: So how do you deal with these, I don't know if I can call them errors or mistakes, but maybe accidents? How do you balance control and chance in your process?

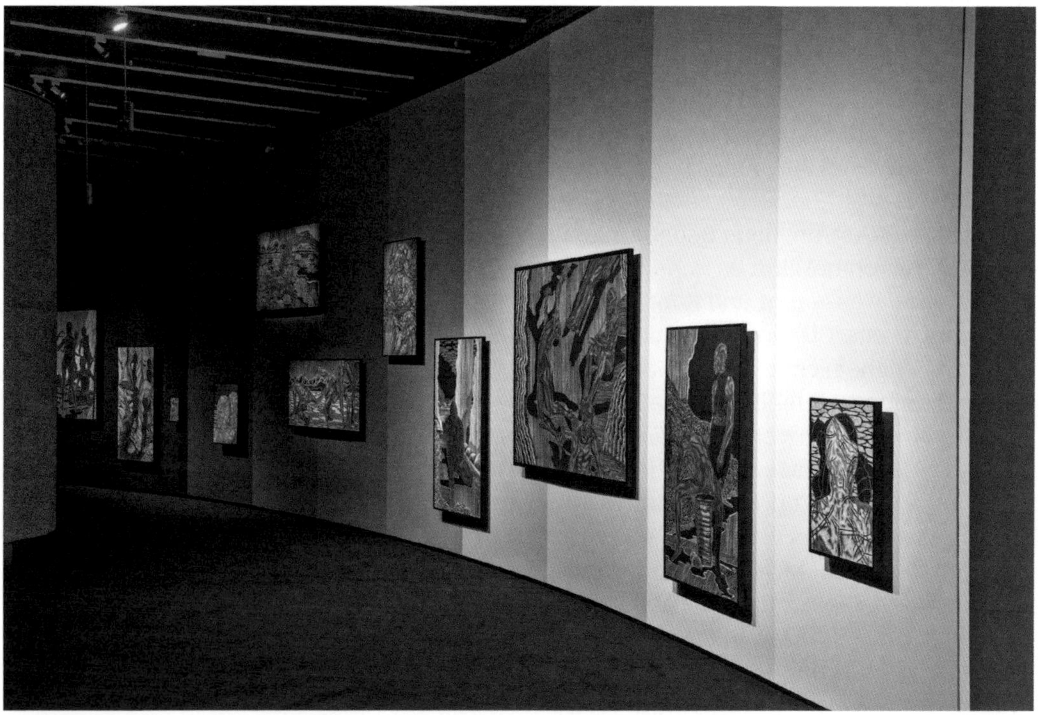

Toyin Ojih Odutola: A Countervailing Theory, Ausstellungsansicht / exhibition view
The Curve, Barbican, London, 2020

Zeit zu tun haben. Mein Ziel ist Ökologie, nicht Mimesis. Bei meinem Besuch der Gemäldegalerie ist mir heute aufgefallen, wie die Menschen von den Porträts angezogen werden. Ich glaube, das liegt daran, dass wir kein einzelnes Individuum betrachten, sondern einen Raum in der Zeit. Es geht nicht um das Porträt an sich. Vielmehr wird es zu einem Schauplatz oder Event – etwas sehr Dynamischem, das auf die Zeitumstände und unsere Umgebung gleichzeitig reagiert. Hier eine konzeptuelle Verbindung herzustellen, war eine sehr gute Ausgangssituation. Und es hat mich dazu ermuntert, mit Kohle und Pastell zu arbeiten.

SB: Der Wechsel von Tinte zu Kohle und Pastell hat dafür gesorgt, dass sich die Atmosphäre in deinen Bildern deutlich gewandelt hat. Was für neue technische bzw. konzeptuelle Möglichkeiten haben sich für dich dadurch eröffnet?

TOO: Meine Bilder sind weicher geworden. Wenn man mit Tinte arbeitet, wirken sie rauer. Betrachtet man aber meine Tintenzeichnungen aus den Jahren 2013 bis 2019, wirken sie aus der Ferne komischerweise ebenfalls weich. Doch beim Näherkommen wird klar, wie intensiv meine Striche sind. Dasselbe gilt für Kohle und Pastell. Die Vielseitigkeit ist das, was mir an trockenen Materialien besonders gefällt. Man kann seine Meinung während des Zeichnens ändern, ein echter Pluspunkt. Außerdem sind es relativ flüchtige Materialien. Man kann sie jederzeit wegradieren, nur sieht es dann nicht sauber aus. Ganz kann man sie niemals auslöschen, Spuren früherer Versuche bleiben sichtbar, doch man kann es immerhin erneut versuchen. Man kann die Fehler überdecken, nur verschwinden sie nie ganz. Sie verblassen lediglich.

SB: Wie gehst du mit diesen, ich weiß nicht, ob ich sie als Fehler bezeichnen soll, also sagen wir lieber Versehen – wie gehst du damit um? Wie schaffst du die Balance zwischen Kontrolle und Zufall?

TOO: Everything's an error. Everything's an accident, too. It's what makes the job fascinating.

I'll make a mark and think that's not quite it, since the material is compressed pigment, I can draw over it and create an entirely different mood or story. I've blurred discordant elements with my hands, been direct or indirect with the line. I employ whatever is necessary. I read how Odilon Redon layered pastel over charcoal. I tried that method, but it didn't quite achieve the effect I needed for dark skin on the paper. I wanted to evoke something less academic, less structured, and more prismatic. I'm trying to create something quick to access – but once you're there, you stay there, then slowly roam and the picture unfolds. I came to that by playing with different marks, different tones. There's an interview with Wole Soyinka where he talks about Yoruba's tonality – how any slight shift in tone completely changes the meaning.[2] I think pastel is the same. If I create a different tone, it really could change the entire picture. I have to be intentional with my tone. I could make a very cacophonous picture or I can mute it. Colour doesn't count as much. I'm more attuned to tone through pastel than through charcoal and pen.

SB: I want to ask you about some of the portraits and figures that appear in your work. They are often deeply intimate, yet resistant to over-interpretation. How do you think about portraiture's role in shaping identity and legibility, especially within the history of Black representation in art?

TOO: Why should they be legible? Enjoy it – there's no need to explain, and accept that things aren't for you. Identity involves previous generations' tireless work from which myself and so many artists have benefited. After all their endeavours and sacrifices, it would do a great disservice if

2 TK ÒPÓMÚLÉRÓ, "Óbàni kòbàjẹ̀. Ft. Prof Wole Soyinka", 9 September 2015, https://www.youtube.com/watch?v=uhds9u2O14k, last accessed on 20 March 2025.

TOO: Alles ist Fehler. Und alles ist Zufall. Das macht den Job ja so faszinierend. Ich zeichne einen Strich und denke, so ganz ist es das noch nicht, und weil das Material aus konzentrierten Pigmenten besteht, kann ich ihn einfach übermalen und so eine vollkommen andere Stimmung erzeugen oder andere Story erzählen. Ich habe unstimmige Elemente schon mit der Hand verwischt, habe Striche und Linien direkt oder indirekt bearbeitet. Ich setze ein, was eben nötig ist. Irgendwo habe ich gelesen, dass Odilon Redon Kohle mit Pastell übermalt hat. Die Methode habe ich auch ausprobiert, aber sie hat mir nicht den gewünschten Effekt gebracht, den ich auf dem Papier für dunkle Haut brauche. Mir schwebte nämlich etwas weniger Akademisches, weniger Strukturiertes vor, eher etwas Prismatisches. Zu meinen Arbeiten soll man leicht Zugang finden – doch sobald man drin ist, bleibt man dort und bewegt sich allmählich weiter, damit sich das Bild entfalten kann. Darauf bin ich gekommen, nachdem ich mit verschiedenen Strichen und Tönen experimentiert hatte. Wole Soyinka hat in einem Interview ausgeführt, wie wichtig der Tonfall für die Sprache Yoruba ist – denn jede noch so geringe Abweichung verändert die Bedeutung von Wörtern grundlegend.[2] Bei Pastell ist es meiner Meinung nach ähnlich. Wenn ich dort einen Farbton ändere, verwandelt sich unter Umständen das ganze Bild. Ich muss die Töne bewusst einsetzen. Sonst herrscht in einem Bild unter Umständen absolute Kakophonie oder ich bringe es ganz zum Verstummen. Farbe spielt keine so große Rolle. Tatsächlich verändere ich den Ton eher mit Pastellkreide als mit Kohle oder Tinte.

SB: Ich würde dir gern ein paar Fragen zu einigen Porträts und Figuren in deinen Arbeiten stellen. Sie wirken oft sehr persönlich, widersetzen sich aber jeder Form von Überinterpretation. Wie siehst du die Rolle von Porträtmalerei im Hinblick auf die Herausbildung von Identität und Lesbarkeit, vor allem im Zusammenhang mit der Geschichte der Darstellung von Schwarzen Menschen in der Kunst?

we continue to ask the same questions they already so eloquently answered and explored.

With my figures, the moment you put legibility into question, they don't breathe anymore. We need to read Édouard Glissant more.

SB: Your work certainly transcends those identity politics that everybody wants to pin on certain artists depending on who they are, where they come from, which class, which geography, which culture, which language and so on.

TOO: Don't people have the right to withhold? To privacy? Do we need to know everything? FOMO [fear of missing out] is a problem.

SB: Absolutely. Let's talk about emotion in your characters. There's an ambiguity to your figures, to their expression. They're sometimes contemplative, sometimes wry, sometimes confrontational... How do you direct emotion in your images?

TOO: At a risk of sounding hoodoo, the pictures tell me what to do – what they want, not how – and I've learned not to fight this. I'm excited to witness the progression of that acceptation over time. You see in some of my older works that it's almost like the marks are fighting themselves because I'm fighting the picture, I'm not letting it just be. It's like turning a wrench and it just won't move. I've learned to step away. It's not a strategic thing, it's purely responding to the picture, to what it's doing. I've never had the opportunity to see these works together before.

SB: To expand a little bit beyond the world within the drawing: what is striking about your exhibitions is that you are also very engaged in the environment that you create for the work to exist and be experienced in. For instance, with *A Countervailing Theory*, you had around 40 sequential works and a soundscape that accompanied these works. It almost felt like a storyboard, a

TOO: Warum sollten sie lesbar sein? Erfreu dich einfach an dem Bild – du brauchst keine Erklärung, sondern musst hinnehmen, dass nicht alles für dich gedacht ist. Zur Identität gehört immer auch die unermüdliche Arbeit früherer Generationen, von denen ich und etliche andere Künstler*innen profitiert haben. Nachdem sie so viel getan und geopfert haben, wäre es ihnen gegenüber äußerst ungerecht, wenn wir immer weiter dieselben Fragen stellen würden, die sie schon so ausführlich beantwortet haben. Sobald man ihre Lesbarkeit infrage stellt, hören meine Figuren auf zu atmen. Wir sollten mehr Édouard Glissant lesen.

SB: Deine Arbeiten stehen über der Identitätspolitik, die heute jede*r bestimmten Künstler*innen überstülpen möchte, je nachdem, wer sie sind, woher sie kommen, welcher sozialen Schicht, welchem Kontinent, welcher Kultur, Sprache usw. sie angehören.

TOO: Haben die Leute kein Recht auf Geheimnisse? Auf Privatsphäre? Müssen wir immer alles wissen? FOMO [fear of missing out – die Angst, etwas zu verpassen] ist ein Problem.

SB: Absolut. Reden wir über die Emotionalität deiner Figuren. Alle haben etwas Ambivalentes an sich, ihr Gesichtsausdruck lässt sich nicht eindeutig zuordnen. Mal wirken sie nachdenklich, mal spöttisch, mal streitlustig... Wie steuerst du die Emotionen in deinen Bildern?

TOO: Auf die Gefahr hin, dass das jetzt ein bisschen Hoodoo-mäßig klingt... die Bilder sagen mir, was ich tun muss – was sie sich wünschen – und ich habe gelernt, nicht dagegen anzukämpfen. Mitzuerleben, dass ich das über die Jahre allmählich akzeptiert habe, war eine schöne Erfahrung. In einigen meiner älteren Arbeiten hat man fast den Eindruck, die Striche würden sich gegenseitig bekämpfen, weil ich mich gegen das Bild wehre und es nicht einfach gewähren lasse. Als würde man einen Schraubschlüssel drehen, der

frieze, a cinematic experience. I'm wondering if you've ever been interested in going into filmmaking?

TOO: I grew up watching Golden Age Anime from Studio Ghibli to *Gall Force*, *Akira*, *Venus Wars*, *Vampire Hunter D*, *Iria Zeiram Animation*, *Ghost in the Shell*, the *Mobile Suit Gundam* anthologies, *Robot Carnival* and *Memories* by Katsuhiro Otomo. And then in middle and high school, I really got into Arthouse cinema. I'll never forget first seeing Krzysztof Kieślowski's *Three Colours*. This was when they didn't have the Parental Guidelines in the US yet. Bravo TV, which used to be the Arte TV of the 90s, would show *The Double Life of Veronique* and PBS [Public Broadcasting Service] showcased art documentaries. How cinema crafted atmospheres with contrast, blocking and light... That definitely informed me. I was so full.

SB: So would you say this is an influence?

TOO: With immersion, yes.

I want visitors to get involved, to forget themselves.

And you can achieve this by responding to the unique qualities of a space, which is why I'm here with you now. When I walked into the Eastern Cabinet yesterday, and came to the third gallery with those pillars, I thought, 'Why does it feel like a subway station?' They reminded me of the ornate stations built in the Eastern bloc, Soviet era I'd read about in library books as a kid. Same with modernist stations in Brazil. My first visit to Hamburger Bahnhof in 2016, going through the Rieckhallen passage created by Robert Kuśmirowski, seeing the teal tiles referencing the tube stop Alexanderplatz. Can you imagine seeing those gorgeous tiles on your morning commute? I'd never seen teal like that, it's gorgeous.

2 TK ÒPÓMÚLÉRÓ, „Ọ̀bàni kòbàjẹ̀. Ft. Prof Wole Soyinka", 9. September 2015, https://www.youtube.com/watch?v=uhds9u2014k, zuletzt abgerufen am 20. März 2025.

sich nicht bewegt. Heute gehe ich dann erst einmal auf Abstand. Das ist keine Strategie, nur eine Reaktion auf das Bild und das, was es mit einem macht. Bisher hatte ich noch keine Gelegenheit, mir diese Arbeiten alle zusammen anzusehen.

SB: Lass uns einmal über die Welt in deinen Bildern hinausschauen: In deinen Ausstellungen legst du immer viel Wert darauf, eine Umgebung zu schaffen, in der deine Arbeiten existieren und erfahren werden können. So hast du für *A Countervailing Theory* eine fast vierzig Bilder umfassende Serie plus dazugehöriger Soundscape geschaffen. Dadurch hatte die Ausstellung etwas von einem Storyboard, einem Bilderfries, einem cineastischen Erlebnis. Hast du jemals überlegt, Filme zu machen?

TOO: Ich bin im Goldenen Zeitalter der Animes aufgewachsen und habe mir alles angesehen, von Studio-Ghibli-Filmen bis zu *Gall Force*, *Akira*, *Venus Wars*, *Vampire Hunter D*, *Iria: Zeiram*, *Ghost in the Shell*, *Mobile Suit Gundam*, *Robot Carnival* und *Memories* von Katsuhiro Otomo. In der Mittelstufe und in der Highschool hatte ich dann eine Arthouse-Kino-Phase. Ich werde nie vergessen, wie ich die *Drei-Farben*-Trilogie von Krzysztof Kieślowski zum ersten Mal gesehen habe. Damals gab es in den USA fürs Fernsehen noch keine Jugendschutzbestimmungen. Auf dem Kabelsender Bravo – dem Arte TV der 90er – lief zum Beispiel *Die zwei Leben der Veronika*, und auf PBS [Public Broadcasting Services] konnte man sich Kunstdokus ansehen. Wie im Kino mittels Kontrastierung, Choreographierung und Beleuchtung eine bestimmte Atmosphäre geschaffen wird... dadurch habe ich definitiv eine Menge gelernt. Ich war hin und weg.

SB: Würdest du das Kino also als Einfluss bezeichnen?

TOO: Was die Immersion anbelangt, ja. Ich möchte, dass das Publikum in die Arbeiten

Those memories, like the films, they come up when I'm drawing. And it's not that I want to reproduce them, I want to evoke the memory, the feeling I had when I first saw them.

SB: In your exhibition at the Barbican you connected all works by this graded pattern of stripes. I've seen many exhibitions in that space and it looked completely different because the scale of the walls had suddenly changed. In a way, a lot of your work becomes site-specific. The works seemed sometimes bigger and sometimes smaller than they are because of the framing that you created.

TOO: Yes. The stripes at the Barbican Curve were an extension of my drawings into the walls of the space. For the frieze-like, irregular hang, I was responding to the architecture of the gallery. To use the structure as a metaphor for how to craft a presentation – moving through the space like a Chinese scroll, unfolding the story as you progress. At Kunsthalle Basel it was the same: each gallery was a metaphor for different stages of grief.

SB: I love the way you appropriate the space so that it becomes an extension of the world of your characters and paintings. But then you also negotiate with your figures and ask their permission to insert them into a different context, where they will agree to function.

TOO: There's the Japanese philosophy of *yōkai*, where every object and entity holds a spirit and is given reverence. I sense a connection to that belief made palpable in how I regard my drawings.

They don't simply function, you encounter them, so they feel intimate. Yet at the same time, they elude any kind of categorisation.

SB: One final question: we've seen your work evolve significantly, both in terms of

hineingezogen wird und sich dabei selbst vergisst. Das kann man erreichen, indem man auf die Besonderheiten eines Raums eingeht – der Grund, warum ich jetzt hier bin. Als ich gestern ins Ostkabinett kam und im dritten Saal die Säulen sah, habe ich mich gefragt, warum ich mich wie in einer U-Bahn-Station fühle. Die Säulen haben mich an die reich verzierten Bahnhöfe aus den Ostblockländern zu Sowjet-Zeiten erinnert, über die ich als Kind in Büchern aus der städtischen Bibliothek gelesen hatte. Oder an die Bahnhöfe aus der brasilianischen Moderne. Als ich 2016 zum ersten Mal im Hamburger Bahnhof war, bin ich durch die von Robert Kuśmirowski gestaltete Passage zu den Rieckhallen gegangen und habe die türkisen Kacheln gesehen, die auf den U-Bahnhof Alexanderplatz anspielen. Was muss das für ein Gefühl sein, sie jeden Morgen auf dem Weg zur Arbeit zu sehen? So ein Türkis habe ich noch nie gesehen, einfach wunderbar. Solche Erinnerungen oder die an Filme kommen beim Zeichnen bei mir hoch. Aber ich will sie nicht reproduzieren, ich

its materiality, but also in terms of its subject matter, the complexity of the work, even the way you think about the frames. Is there a particular direction that you're currently exploring or experimenting with? Where do you want to go next? Do you have a clear idea or is it a gut feeling that you usually follow?

TOO: I've been obsessed with the works of Amrita Sher-Gil, Remedios Varo, Helene Schjerfbeck, María Magdalena Campos-Pons, Mary Lovelace O'Neal and Raymond Saunders for a few years now. I want to invest more time studying their outputs. Also – I'm moving, so thinking a lot about the relinquishing of things, letting go of pride. Getting older is a gift where it's not about proving or testing yourself. I'm at this stage where I can see what I've done these last 20 years and I'm so grateful. I really didn't think I'd make it this far!

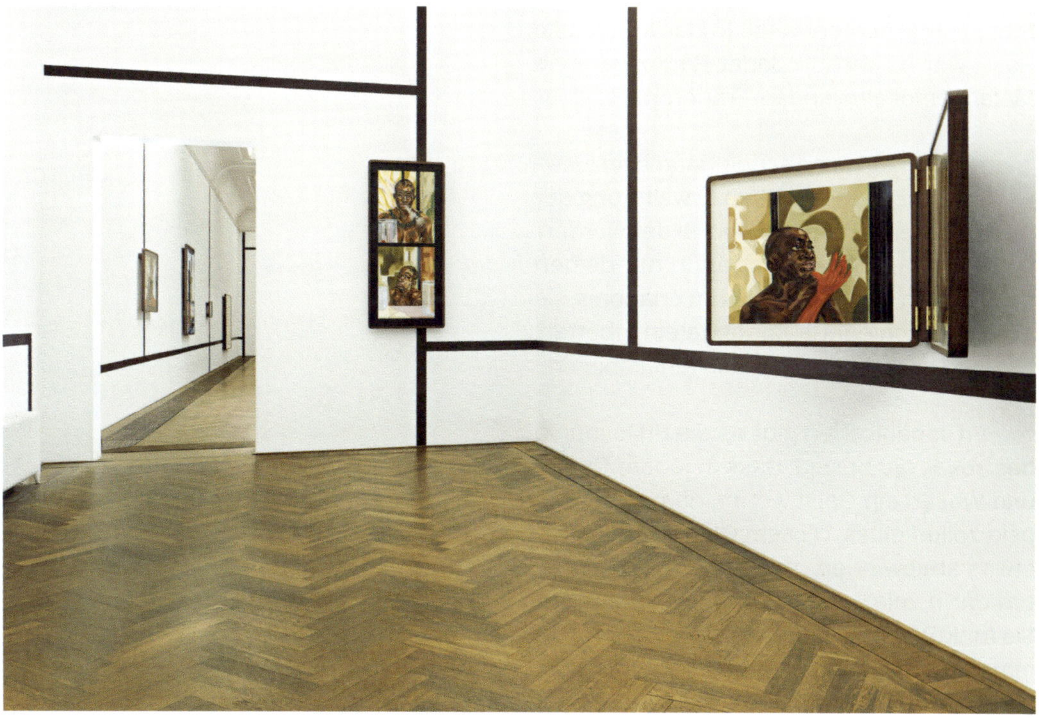

Toyin Ojih Odutola: Ilé Oriaku, Ausstellungsansicht / exhibition view
Kunsthalle Basel, Basel, 2024

möchte nur die Erinnerung als solche wachrufen, das Gefühl, das ich hatte, als ich etwas zum ersten Mal gesehen habe.

SB: In deiner Ausstellung im Barbican hast du deine Arbeiten durch ein Muster aus Streifen miteinander verbunden. Ich habe dort schon etliche Ausstellungen gesehen, aber dieses Mal war der Raum völlig verändert, weil das Größenverhältnis der Wände anders wirkte. Viele deiner Arbeiten sind, wenn man so will, ortsspezifisch. Je nachdem, welchen Rahmen du ihnen gibst, wirken die Arbeiten mal größer, mal kleiner, als sie eigentlich sind.

TOO: Ja. Bei der Ausstellung in The Curve im Barbican dienten die Streifen dazu, meine Zeichnungen in die Wände des Raums hinein zu verlängern. Mit der friesartigen, unregelmäßigen Hängung habe ich auf die besondere Architektur der Galerie reagiert. Ich habe die Struktur wie eine Metapher für die Gestaltung einer Ausstellung benutzt – man bewegt sich durch den Raum, als würde man eine chinesische Bildrolle abwickeln, sodass sich die Story allmählich entfaltet. In der Kunsthalle Basel war es ähnlich: Jeder Raum war eine Metapher für eine andere Trauerphase.

SB: Ich mag deine Art, dir Räume anzueignen, sodass sie zu einer Erweiterung der Welt deiner Figuren und Bilder werden. Aber du verhandelst auch mit deinen Figuren und bittest sie um Erlaubnis, sie in verschiedene Kontexte einzubetten, wo sie aus freien Stücken funktionieren.

TOO: Im Japanischen gibt es die Philosophie des *Yōkai*, die besagt, dass in jedem Objekt und Wesen ein Geist wohnt, dem man Respekt zollen muss. Diesem Glauben kann ich etwas abgewinnen, was sich am deutlichsten darin zeigt, wie ich meine Bilder sehe. Sie funktionieren nicht einfach von sich aus, man begegnet ihnen, deshalb wirken sie auch so intim. Gleichzeitig entziehen sie sich jeder Kategorisierung.

Now, it's about language and poetry. Looking at Anne Truitt's work, trying to achieve a shorthand, through pastel and charcoal.

How can I get to this form, as quickly as possible, in an idiosyncratic way that a stranger might connect to? What would I employ? What marks? What economy of line could I use to get there? Translating one form to another? I'm looking forward to more time spent appreciating all the dialects and vagaries of the drawn visual language.

SB: Eine letzte Frage: Wir haben miterlebt, wie sich deine Arbeiten weiterentwickelt haben, im Hinblick auf ihre Materialität, aber auch auf ihre Themen, ihre Komplexität und sogar ihre Rahmen. Gibt es aktuell etwas, das du untersuchst oder womit du experimentierst? Was willst du als nächstes machen? Hast du genaue Vorstellungen oder folgst du da eher einem Bauchgefühl?

TOO: Seit ein paar Jahren begeistern mich die Arbeiten von Amrita Sher-Gil, Remedios Varo, Helene Schjerfbeck, María Magdalena Campos-Pons, Mary Lovelace O'Neal und Raymond Saunders. Mit ihnen möchte ich mich noch intensiver befassen. Außerdem ziehe ich gerade um und mache mir Gedanken, wie es ist, auf bestimmte Dinge zu verzichten und seinen Stolz runterzuschlucken. Älter werden ist ein Geschenk, weil man sich nicht länger beweisen muss. Ich bin jetzt in einem Alter, wo ich auf das zurückblicken kann, was ich in den letzten zwanzig Jahren gemacht habe, und dafür bin ich wahnsinnig dankbar. Dass ich so weit kommen würde, hätte ich niemals gedacht!

Heute interessieren mich Sprache und Poesie. Ich schaue mir die Arbeiten von Anne Truitt an, versuche, aus Pastell und Kohle so etwas wie eine Kurzschrift zu entwickeln. Wie kann ich auf idiosynkratische Art eine Form schaffen, die einen fremden Menschen anspricht? Was muss ich dafür benutzen? Welche Striche? Welche Linienökonomie würde mich dorthin bringen? Wie übersetze ich eine Form in die andere? Ich freue mich schon auf das Erkunden sämtlicher Dialekte und Eigenarten der gezeichneten visuellen Sprache.

Werke in der Ausstellung / Works in the Exhibition

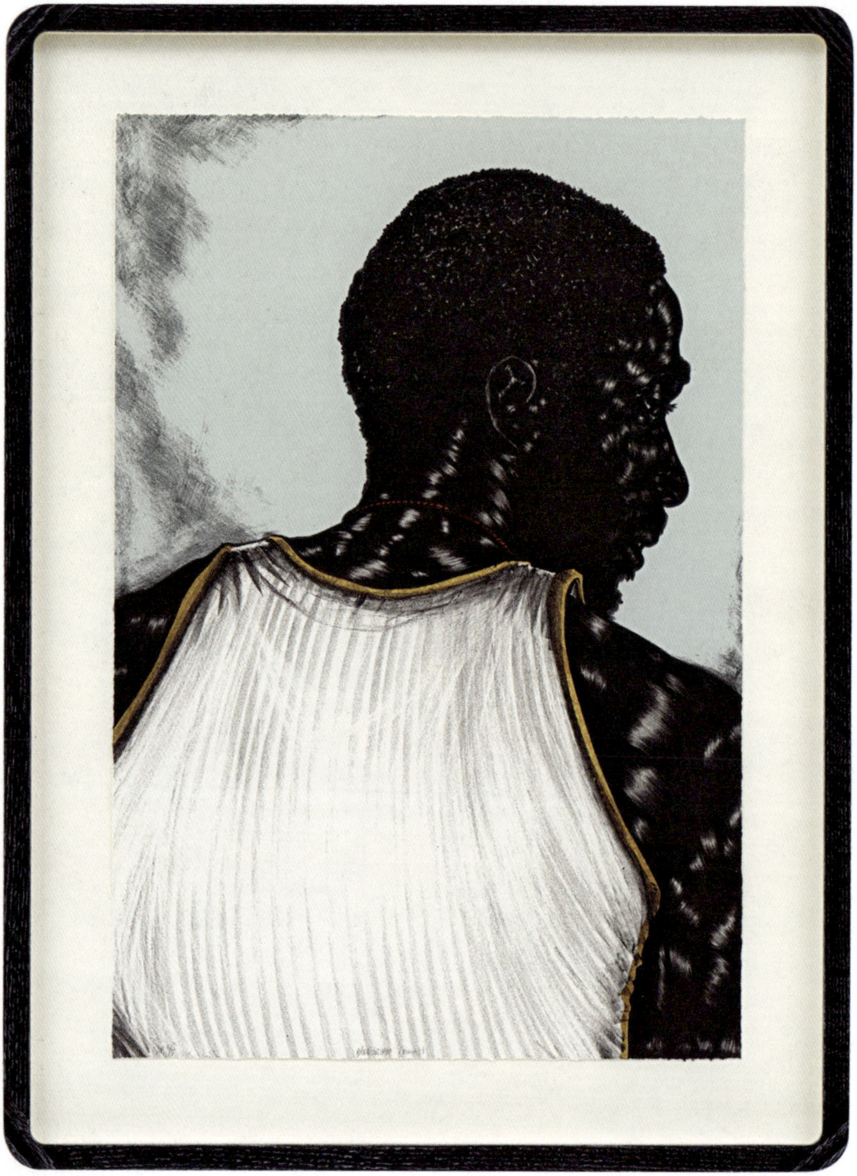

Toyin Ojih Odutola, *Birmingham (right)*, 2015, vierfarbige Lithografie mit Blattgold / four-colour lithograph with gold leaf, 61 × 42 cm (ohne Rahmen / without frame), Ed. 200, AP 4/5, Courtesy of the artist and Jack Shainman Gallery, New York, NY

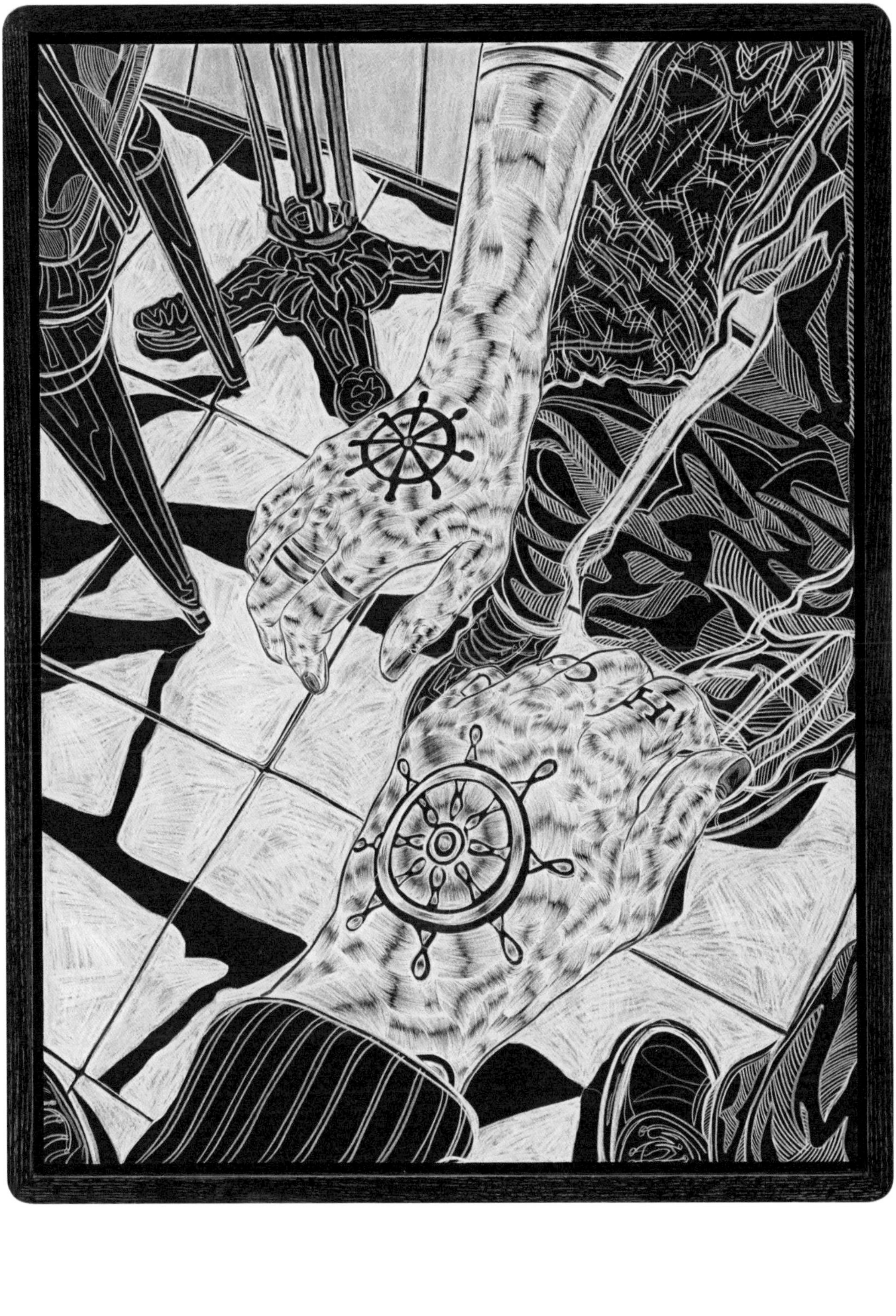

Toyin Ojih Odutola, *Secret Society of Seafarers,* 2017, Kohle auf Holzplatte / charcoal on board, 102 × 76 cm (ohne Rahmen / without frame), Courtesy of the artist and Jack Shainman Gallery, New York, NY

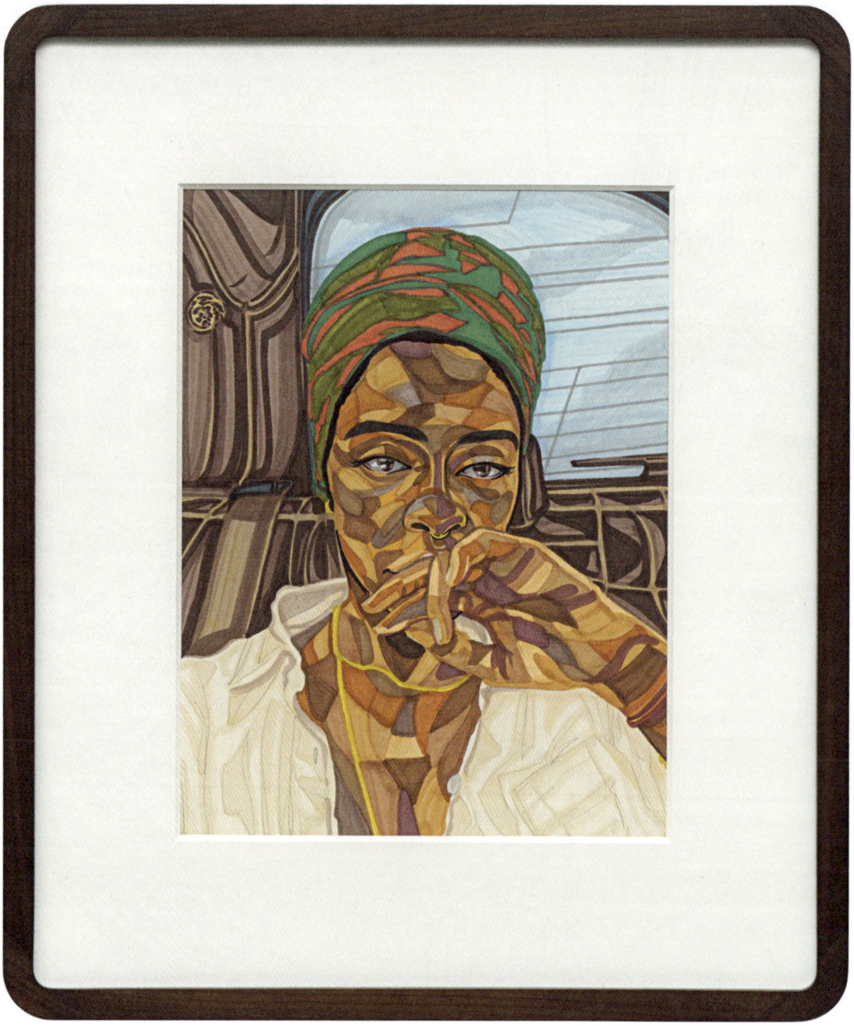

Toyin Ojih Odutola, *This Moment No Longer Belongs To You (TMNLBTY, No. 5)*, 2018, Filzstift und Graphit auf Papier / marker and graphite on paper, 35,5 × 28 cm (ohne Rahmen / without frame), Courtesy of the artist and Jack Shainman Gallery, New York, NY

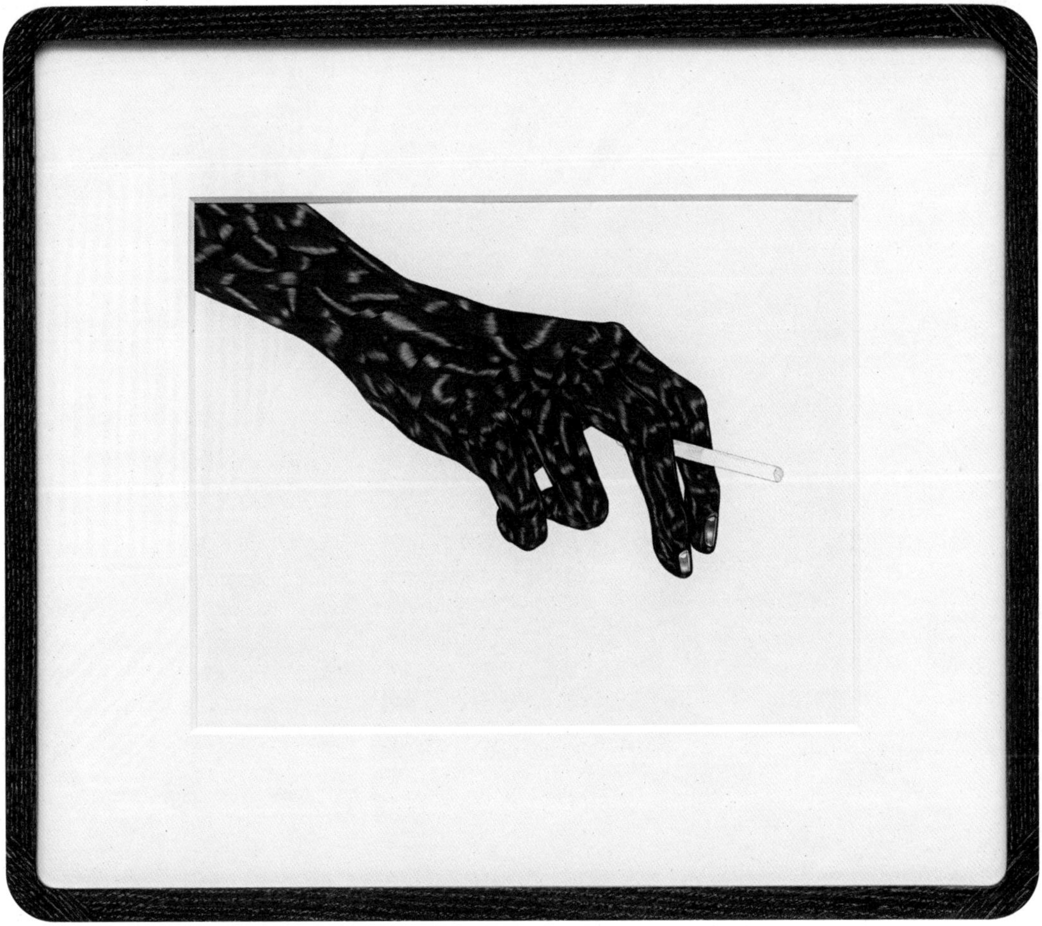

Toyin Ojih Odutola, *My Only Constant,* 2019, Tintenschreiber und Graphit auf Papier / ballpoint pen ink and graphite on paper, 28 × 35,5 cm (ohne Rahmen / without frame), Courtesy of the artist and Jack Shainman Gallery, New York, NY

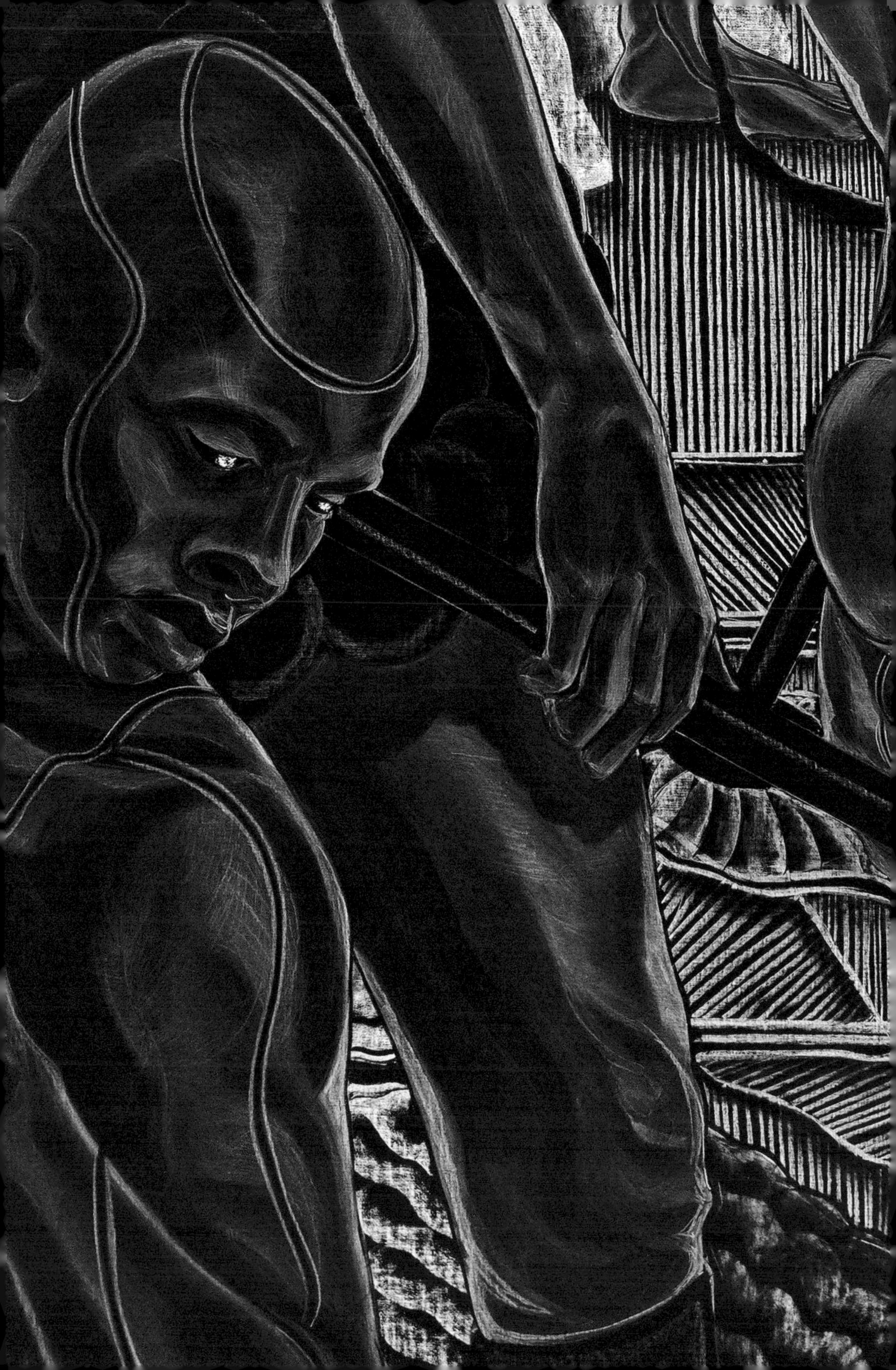

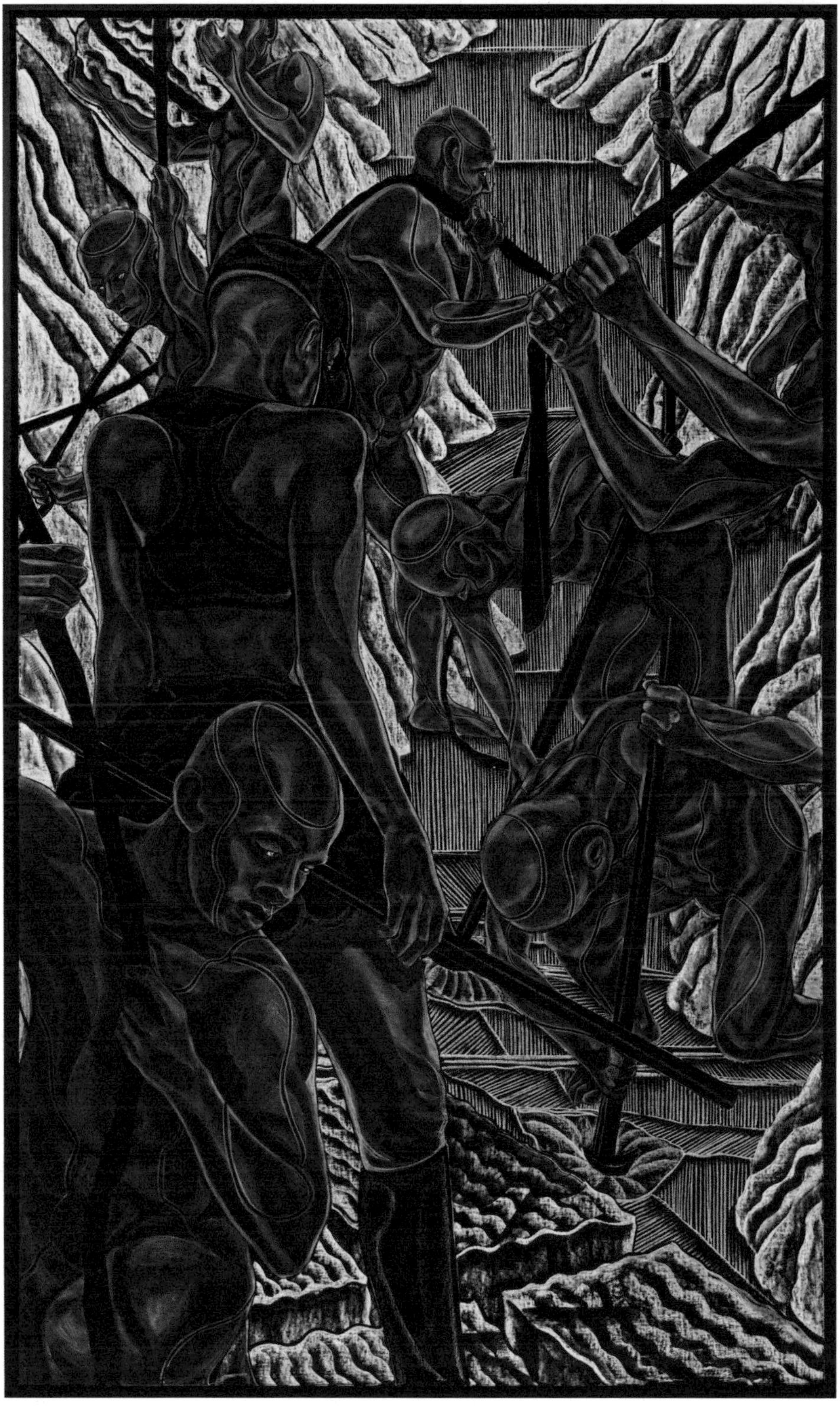

Toyin Ojih Odutola, *Routine Inspection II,* 2019, Pastellkreide und Kohle auf Leinen auf Dibondplatte / pastel and charcoal on linen over Dibond panel, 213,5 × 127 cm (ohne Rahmen / without frame), Courtesy of the artist and Jack Shainman Gallery, New York, NY

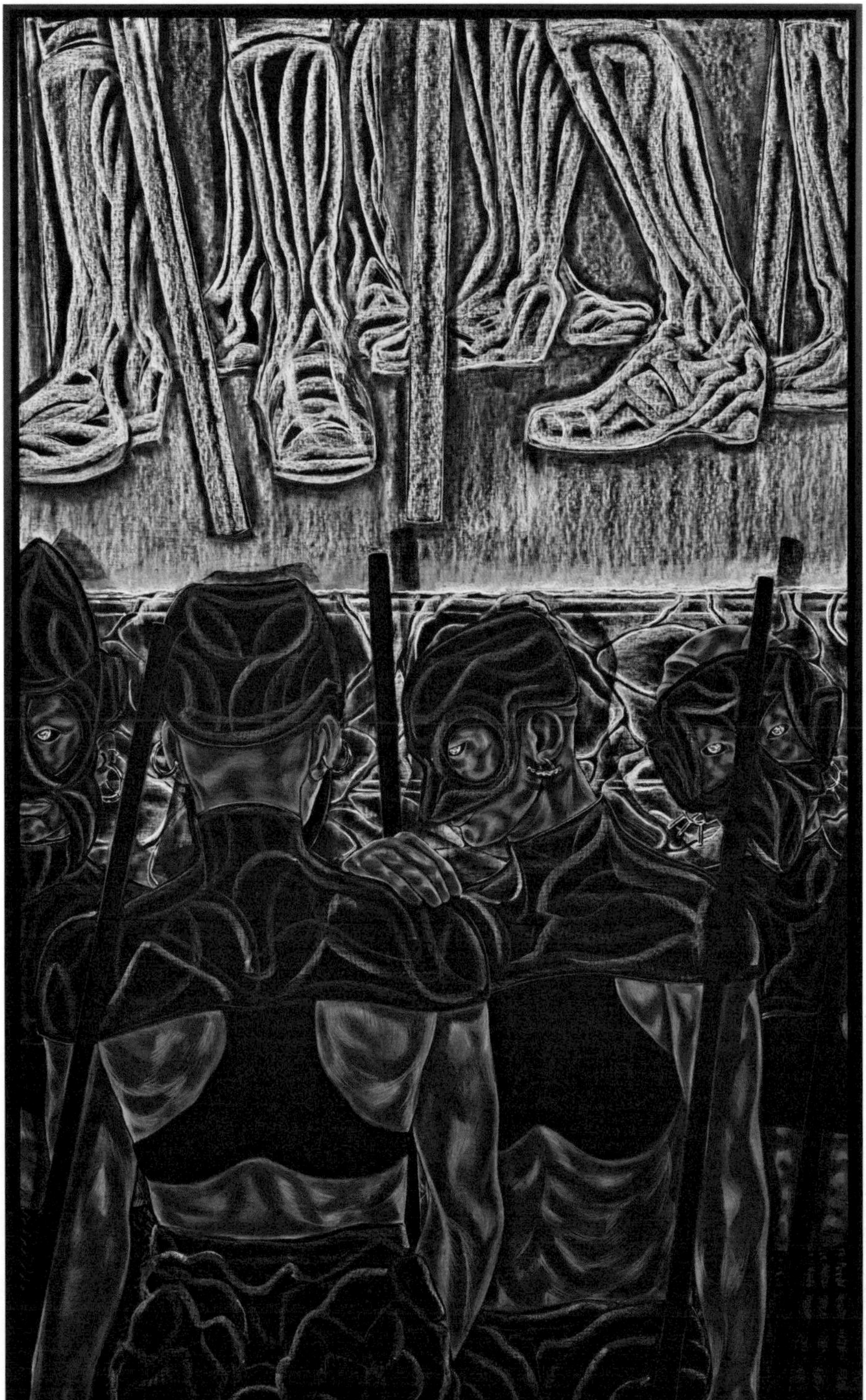

Toyin Ojih Odutola, *Tribunal,* 2020, Kohle, Pastellkreide und Kreide auf Leinen auf Dibondplatte / charcoal, pastel and chalk on linen over Dibond panel, 213,5 × 127 cm (ohne Rahmen / without frame), Courtesy of the artist and Jack Shainman Gallery, New York, NY

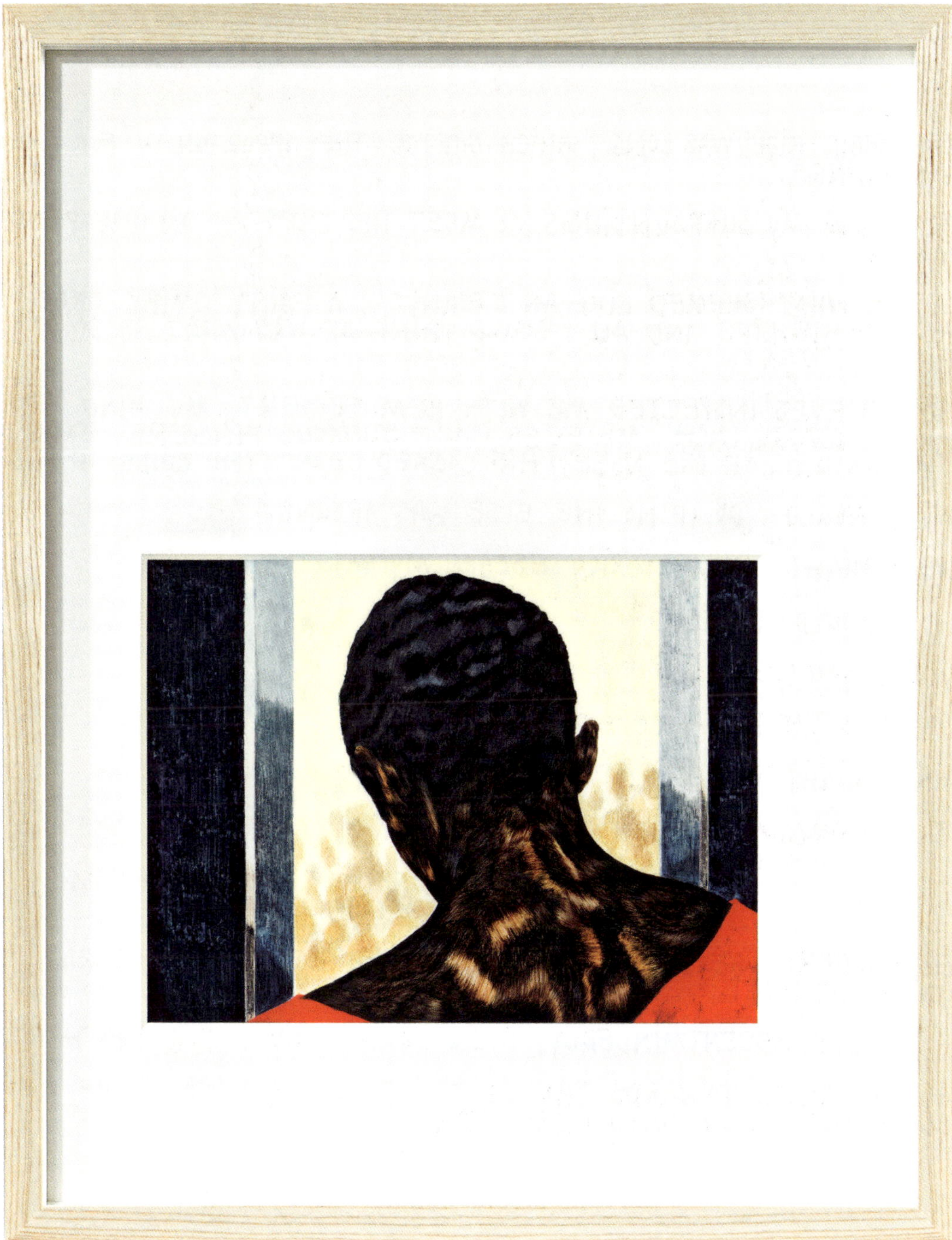

Toyin Ojih Odutola, *Second Act,* 2021, Buntstift und Graphit auf Dura-Lar Zeichenfolie / coloured pencil and graphite on Dura-Lar sheet, 23 × 30,5 cm (ohne Rahmen / without frame), Sammlung Vilsmeier – Linhares, München

THE TRAIN RIDE WAS LONG, WHICH GIFTED THE OPPORTUNITY FOR WILD IMAGININGS.

SCANNING MY SURROUNDINGS, I MEET HIS EYES — AN UNEXPECTED MATCH.

AFTER WHAT SEEMED LIKE AN ETERNITY, A FAINT SMIRK CREEPS ACROSS HIS LIPS AND ALL I COULD THINK OF WAS WHAT TO DO WITH HIM.

AS HIS EYES INSPECTED ME WITH BEMUSEMENT, MY MIND READ HIM — EVERY INCH. MY EYES, LIKE STUDIOUS FINGERS, EXPLORED THE BRIDGE OF HIS NOSE, HIS COCKED CHIN, THE COILS OF HIS HAIR.

WHAT WOULD I DO IF NO ONE ELSE WAS AROUND?

WHAT MIGHT INVOLUNTARILY ESCAPE MY MOUTH?

HOW WOULD IT SOUND?

WOULD YOU LEAN IN?

SHORTEN THE DISTANCE BETWEEN US?

WHAT MIGHT YOU TRY?

THE INTERCOM RINGS:

"THIS IS 34TH STREET: PENN STATION. CONNECTIONS AVAILABLE TO ...."

HE SUDDENLY GETS UP, GRABBING A WEATHERED DUFFLE BAG FROM UNDER HIS SEAT.

I SHUDDER, ABSENTMINDEDLY, THEN TURN TO LOOK FOR ANOTHER STORY.

AS HE EDGES TOWARDS THE EXIT, HE LEANS OVER TO ME, SMILING, CLOSE ENOUGH SO ONLY I CAN HEAR:

"LIKE THOSE ALL-STARS, BRUH."

I NOD OUT OF INSTINCT, RETURN A SMILE AS A THANKS FOR THE COMPLIMENT.

THE SNEAKERS AREN'T MINE.

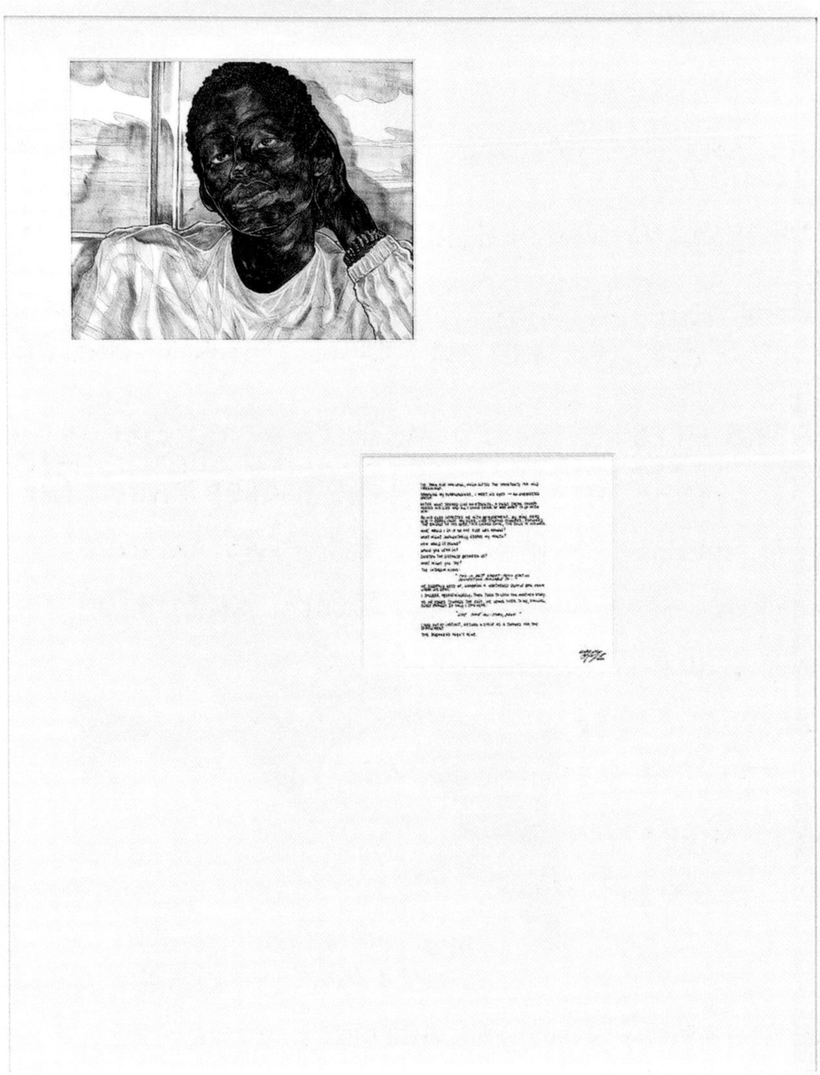

Toyin Ojih Odutola, *Every Inch,* 2020, Bleistift und Tinte auf Dura-Lar Zeichenfolie / pencil and ink on Dura-Lar sheet, 28 × 35,5 cm (Zeichnung / drawing), 22 × 25,5 cm (Text), Collection of Richard Schreiber Washington DC

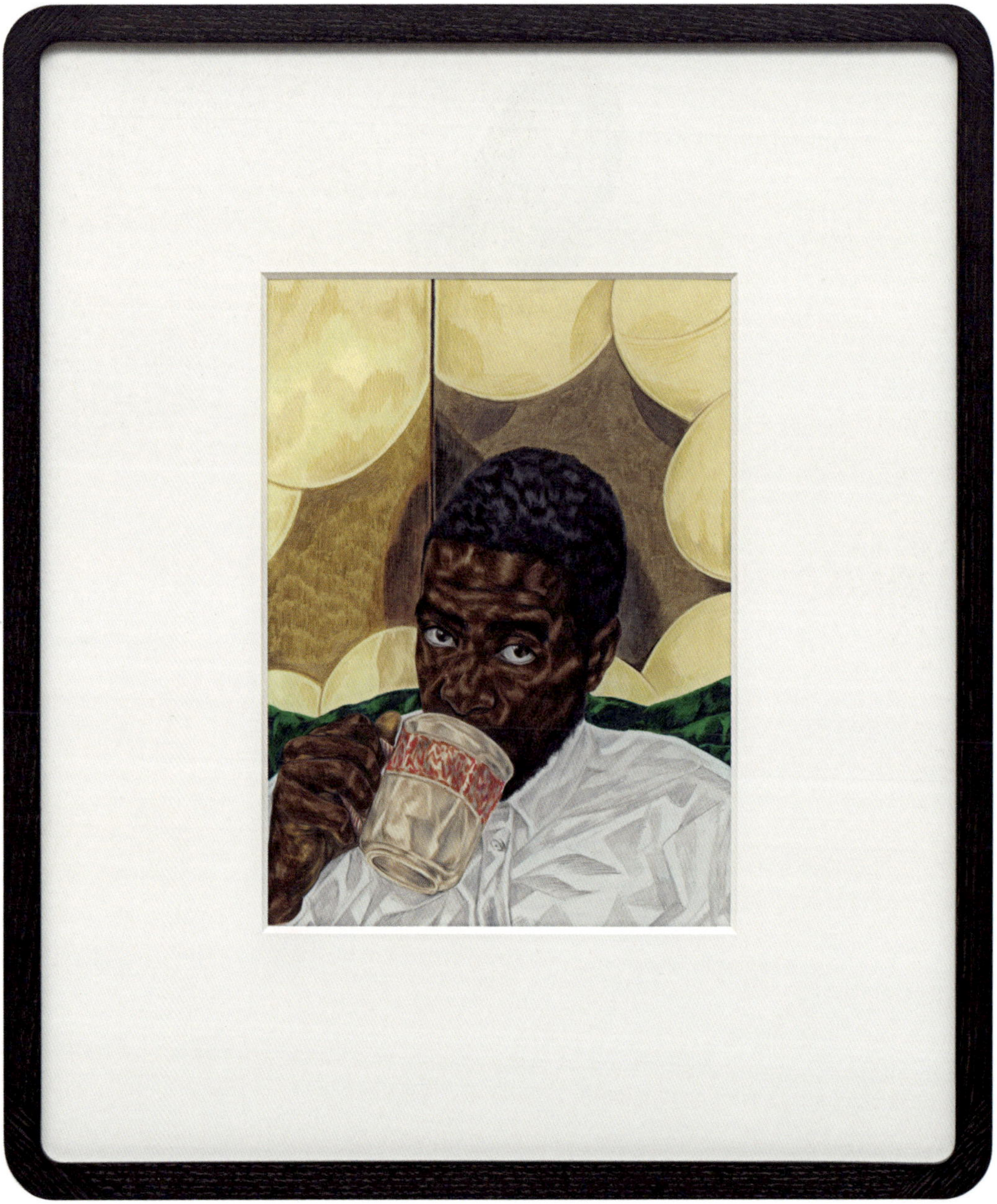

Toyin Ojih Odutola, *The Teacup (Study),* 2020 – 2025, Buntstift und Graphit auf Dura-Lar Zeichenfolie / coloured pencil and graphite on Dura-Lar sheet, 30,5 × 23 cm (ohne Rahmen / without frame), Courtesy of the artist and Jack Shainman Gallery, New York, NY

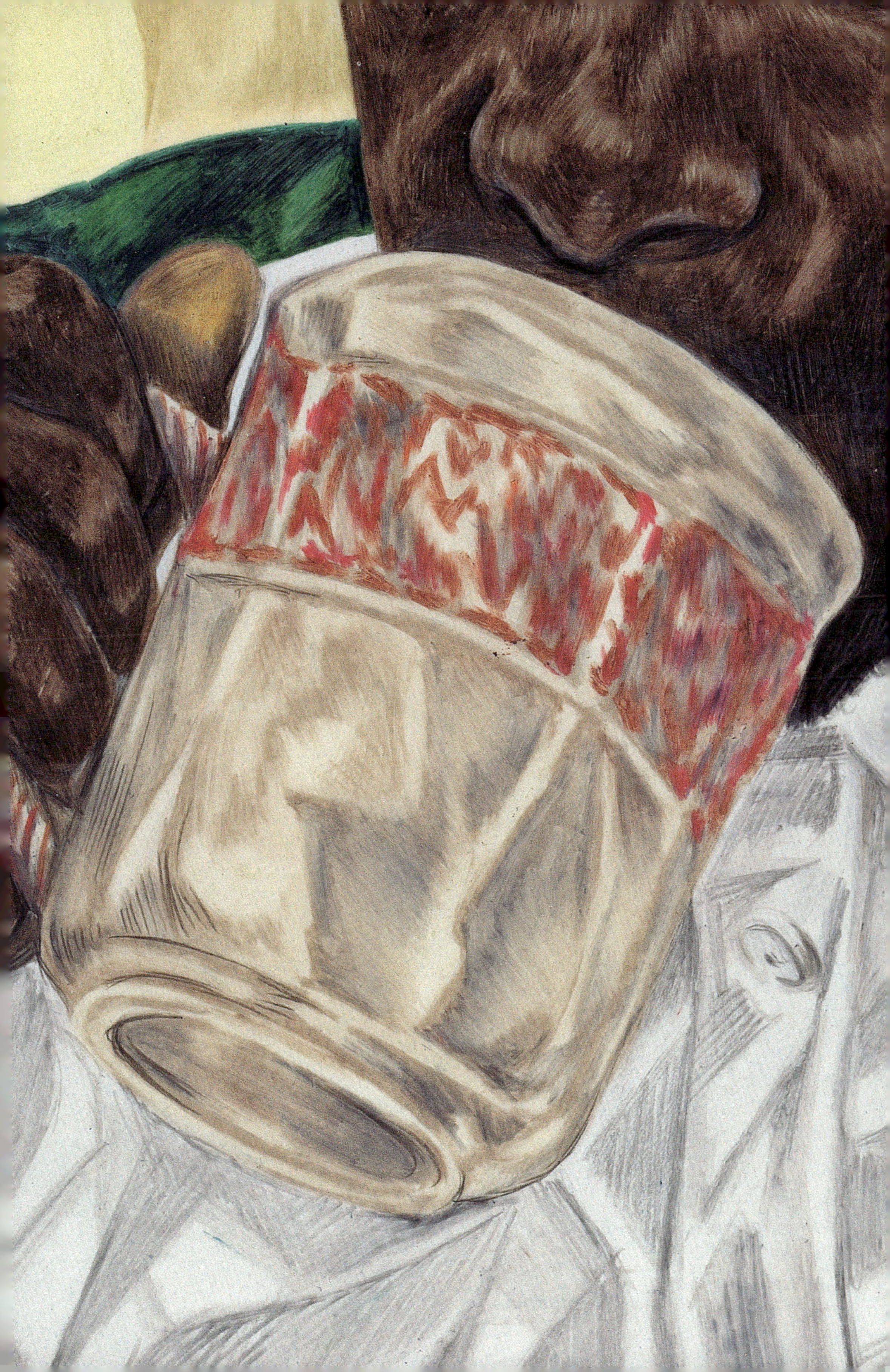

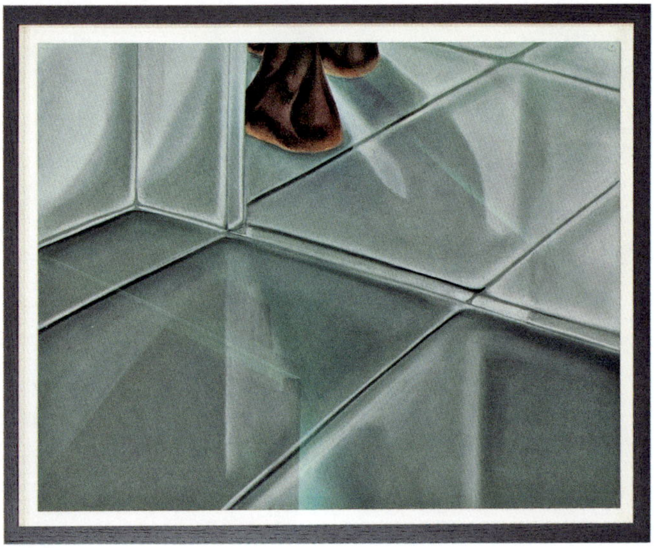

Toyin Ojih Odutola, *Fruitless Record-Keeping,* 2021, **Pastellkreide, Kohle und Graphit auf Papier** / pastel, charcoal and graphite on paper, **Diptychon** / diptych, **Panel 1: 45,5 × 61 cm (ohne Rahmen** / without frame), **Panel 2: 76 × 101,5 cm (ohne Rahmen** / without frame), **Courtesy of the artist and Jack Shainman Gallery, New York, NY**

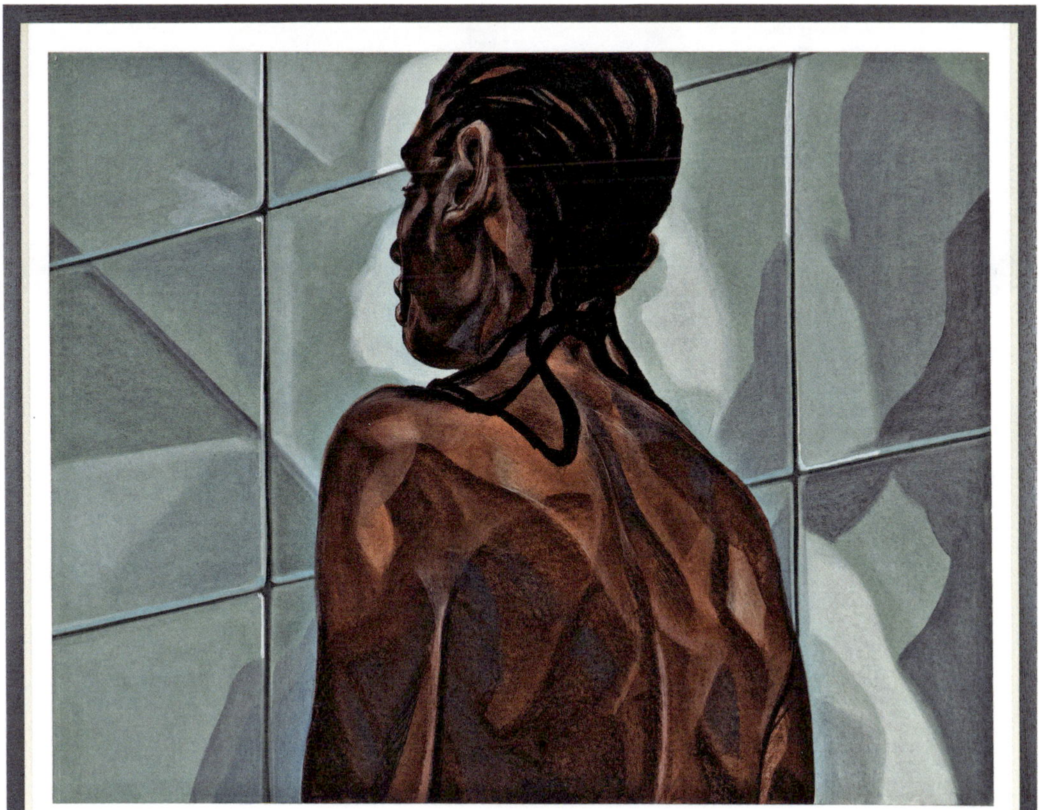

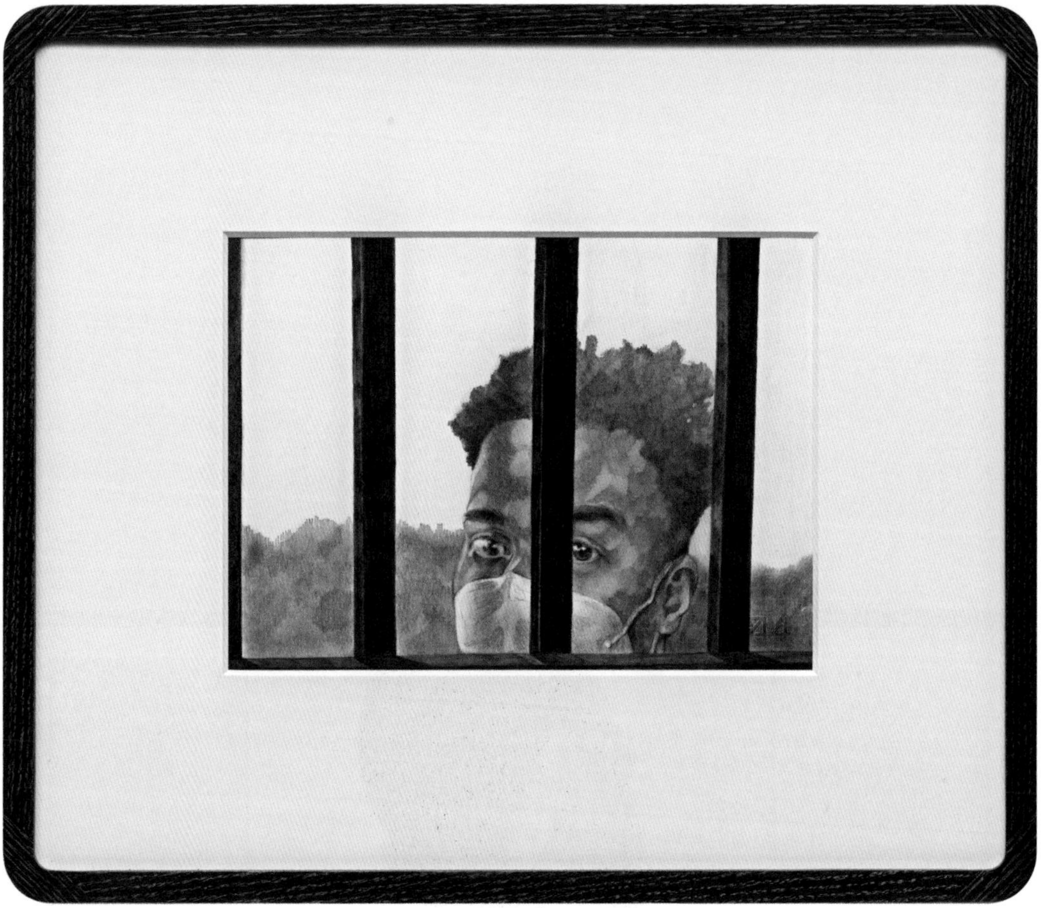

Toyin Ojih Odutola, *Bars (Benjamin, Study)*, 2021, Graphit auf Papier / graphite on paper, 24 × 33 cm (ohne Rahmen / without frame), Courtesy of the artist and Jack Shainman Gallery, New York, NY

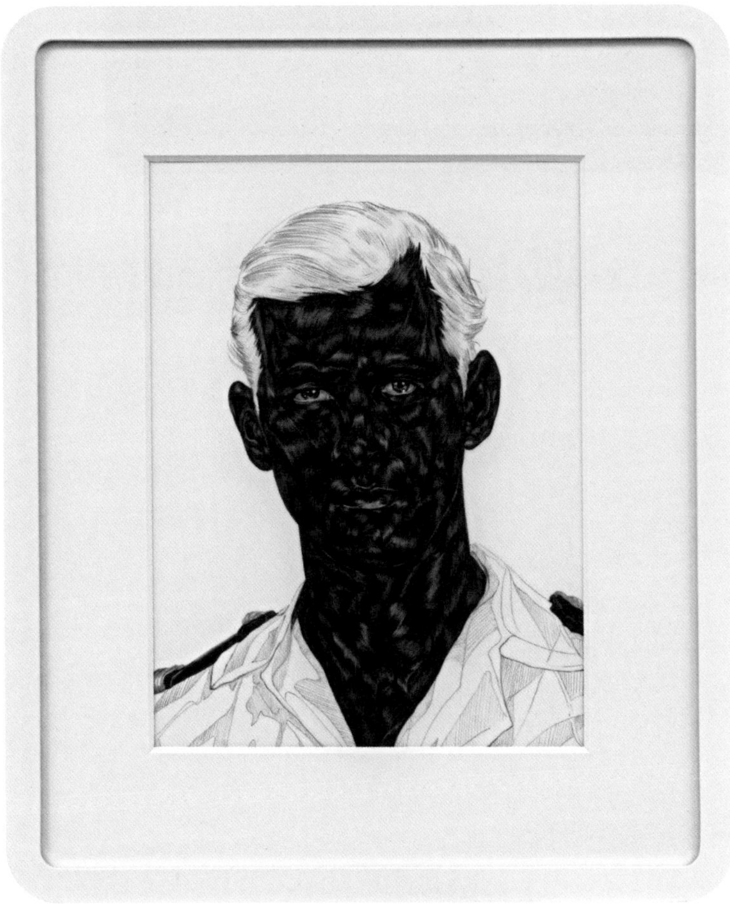

Toyin Ojih Odutola, *The Treatment 41,* 2021, Graphit auf Dura-Lar Zeichenfolie / graphite on Dura-Lar sheet, 30,5 × 23 cm (ohne Rahmen / without frame), Courtesy of the artist and Jack Shainman Gallery, New York, NY

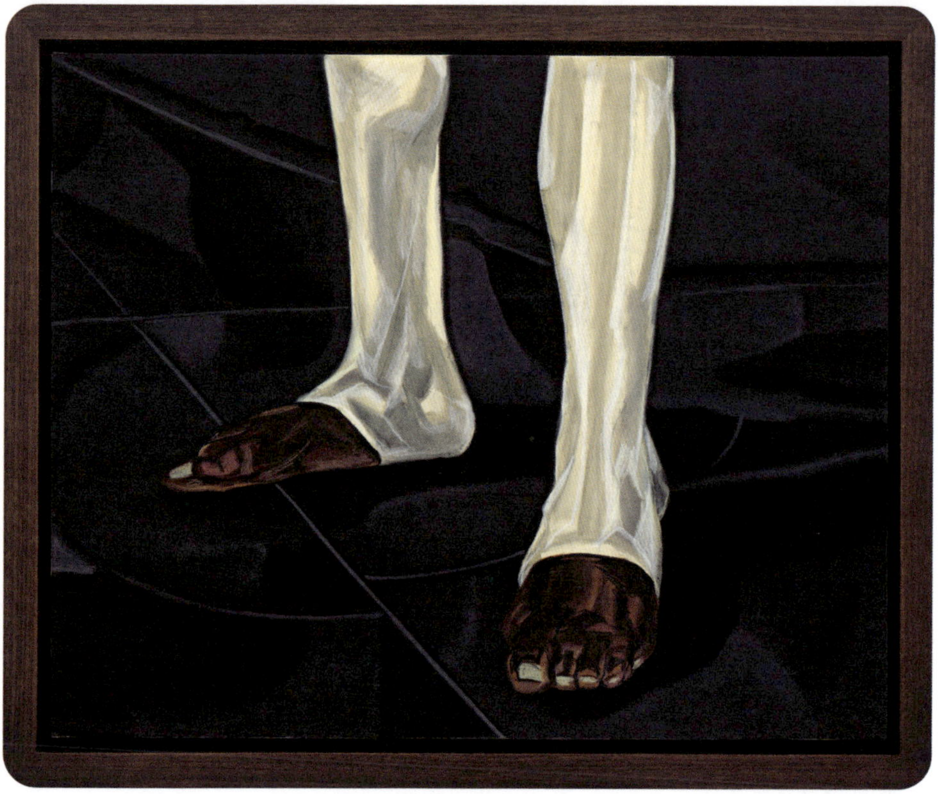

Toyin Ojih Odutola, *Ààlà (Accidental Boundary),* 2022 – 2023, Pastellkreide und Kohle auf Gesso-grundiertem Leinen auf Dibondplatte / pastel and charcoal on gessoed linen over Dibond panel, 48,5 × 61 cm (ohne Rahmen / without frame), Courtesy of the artist and Jack Shainman Gallery, New York, NY

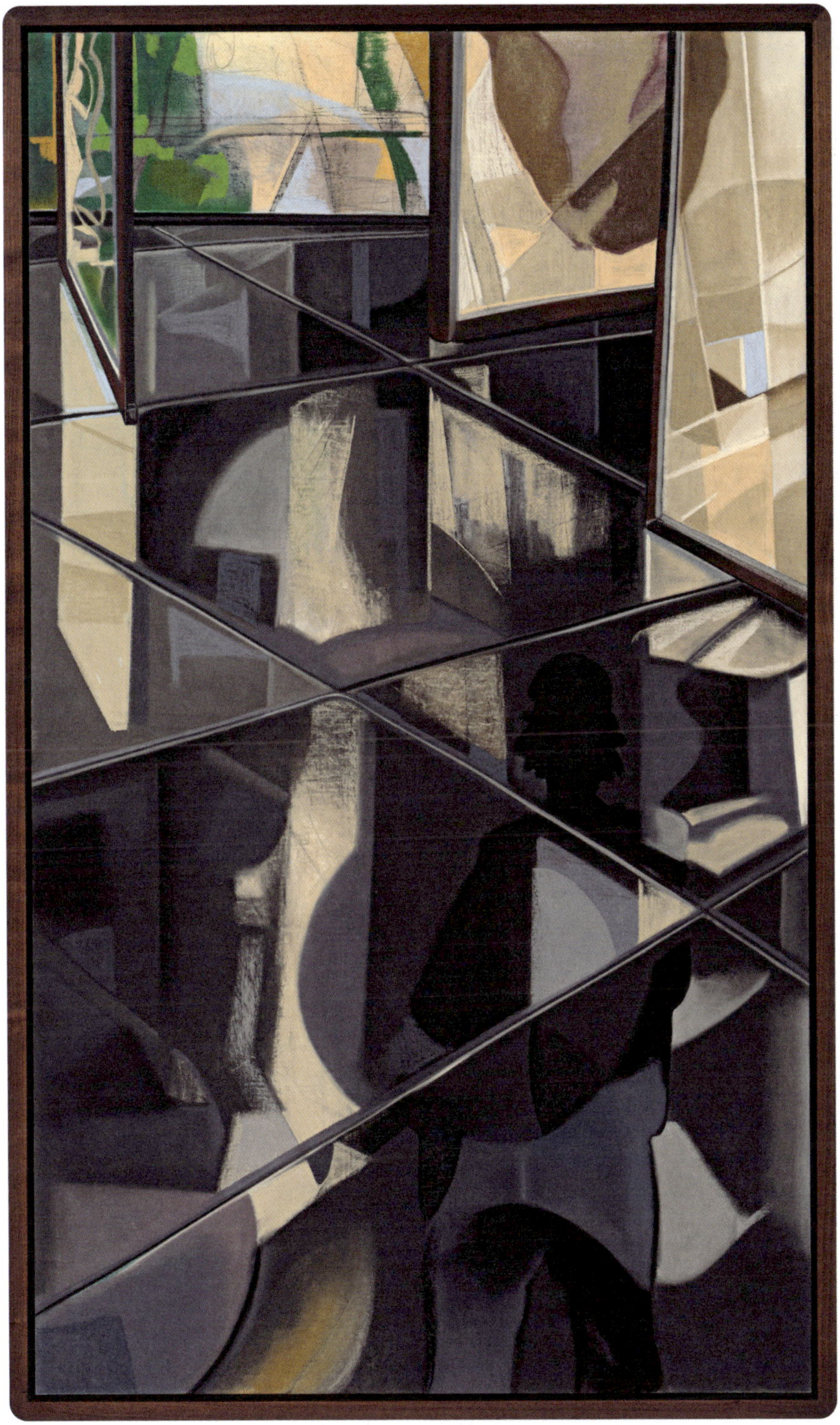

Toyin Ojih Odutola, *Portals (ibi mẹta / three places)*, **2022 – 2023, Pastellkreide, Kohle und Graphit auf Gesso-grundiertem Leinen auf Dibondplatte** / pastel, charcoal and graphite on gessoed linen over Dibond panel, **183 × 106,5 cm (ohne Rahmen** / without frame), **Privatsammlung** / private collection

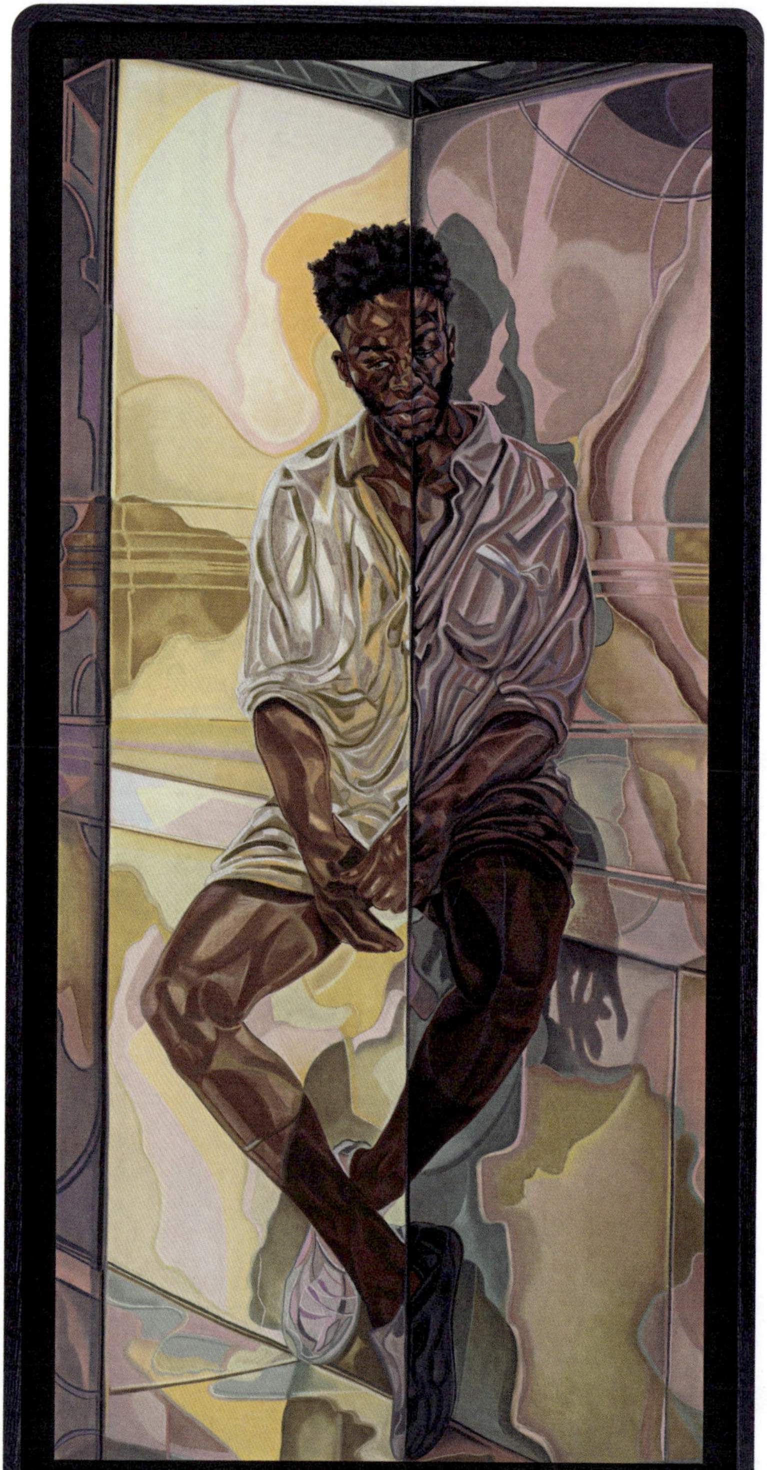

Toyin Ojih Odutola, *Of Another Kind*, 2022 – 2025, Pastellkreide und Kohle auf Papier / pastel and charcoal on paper, 228,5 × 106,5 cm (ohne Rahmen / without frame), Courtesy of the artist and Jack Shainman Gallery, New York, NY

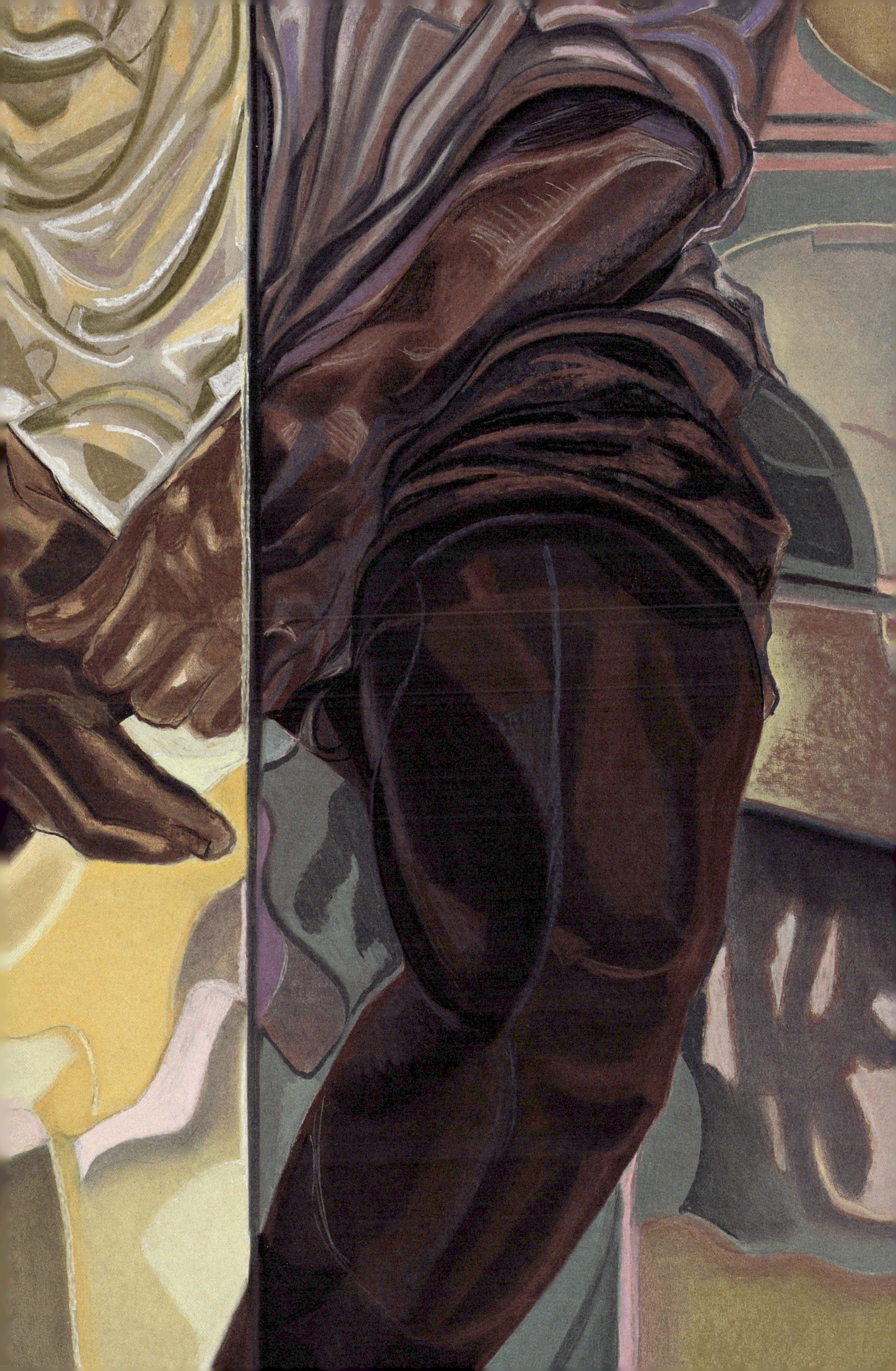

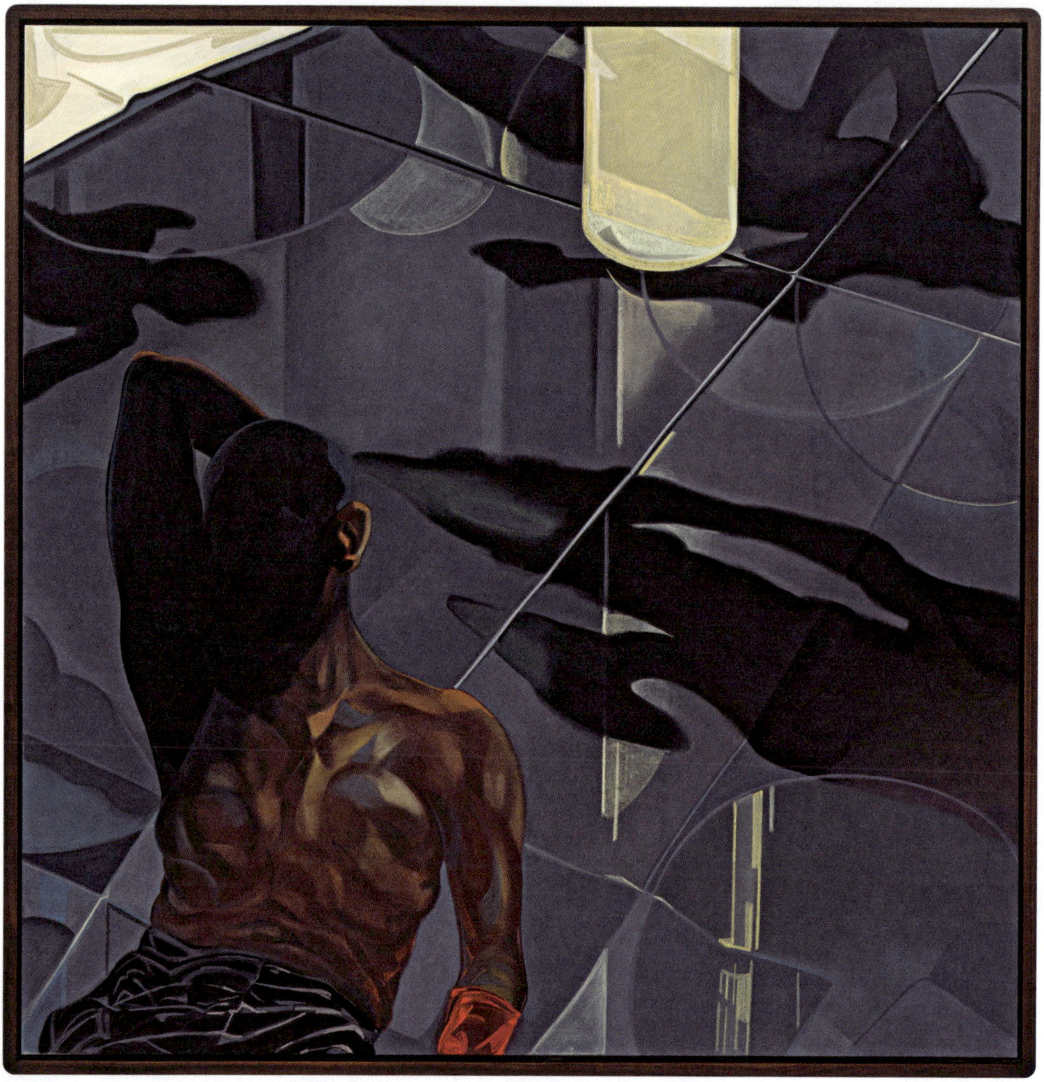

Toyin Ojih Odutola, *I Wish You Rest (Nature Girl),* 2023–2024, **Pastellkreide und Kohle auf Leinen** / pastel and charcoal on linen, 203,5 × 203,5 cm (ohne Rahmen / without frame), **Courtesy of the artist and Jack Shainman Gallery, New York, NY**

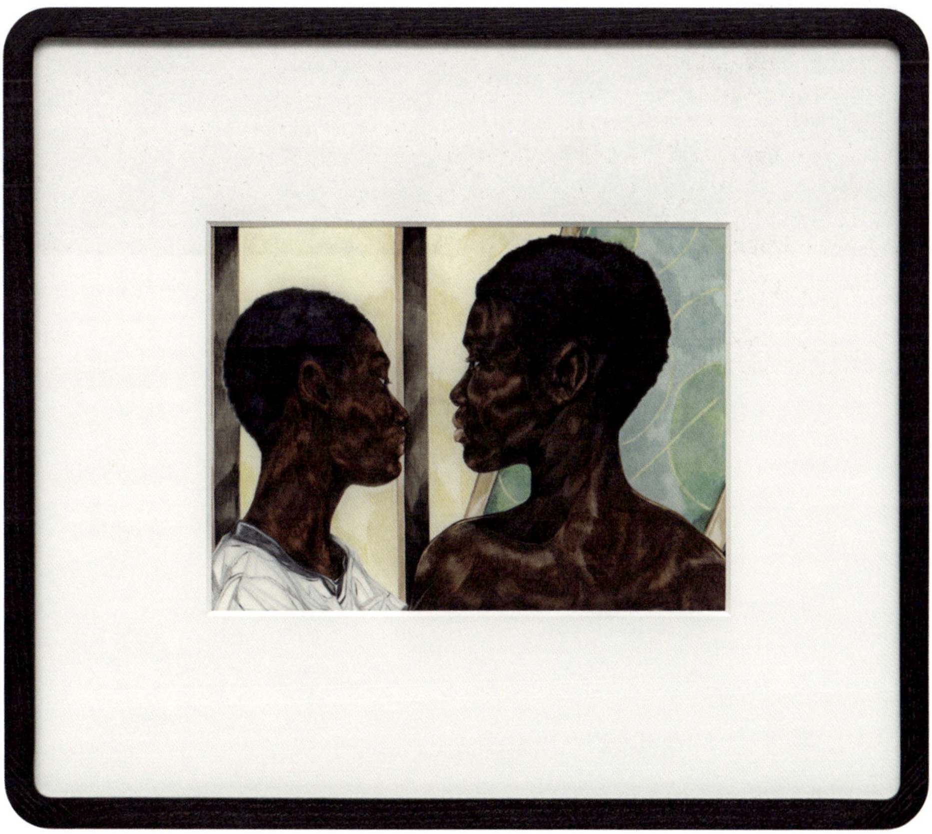

Toyin Ojih Odutola, *Hold Still (Study),* 2023 – 2025, Buntstift und Graphit auf Dura-Lar Zeichenfolie / coloured pencil and graphite on Dura-Lar sheet, **23 × 30,5 cm (ohne Rahmen** / without frame), **Courtesy of the artist and Jack Shainman Gallery, New York, NY**

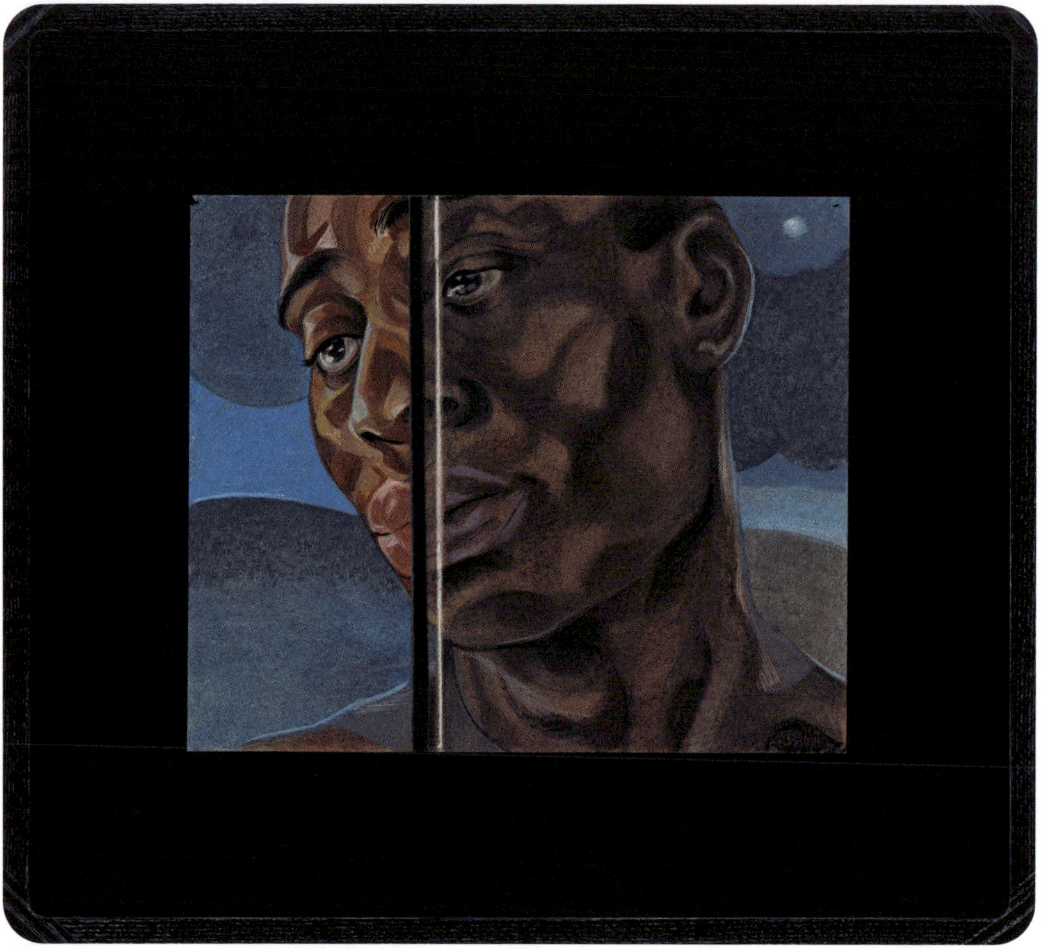

Toyin Ojih Odutola, *Iru Ero,* 2024, Pastellkreide, Kohle und Graphit auf Papier / pastel, charcoal and graphite on paper, 35,5 × 43 cm (ohne Rahmen / without frame), Courtesy of the artist and Jack Shainman Gallery, New York, NY

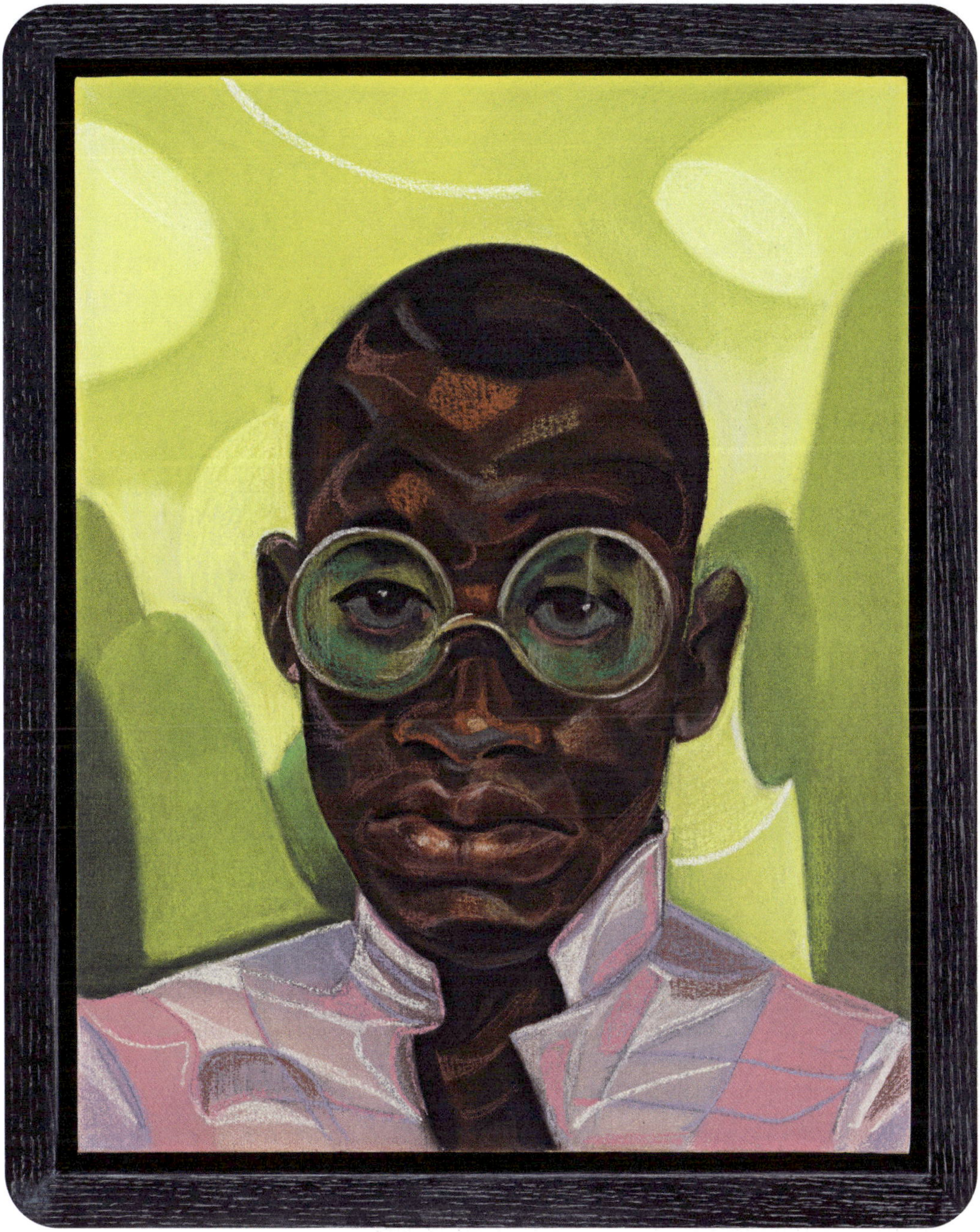

Toyin Ojih Odutola, *Agitated Accountant,* 2024 – 2025, Pastellkreide und Kohle auf Holzplatte / pastel and charcoal on board, 51 × 40,5 cm (ohne Rahmen / without frame), Courtesy of the artist and Jack Shainman Gallery, New York, NY

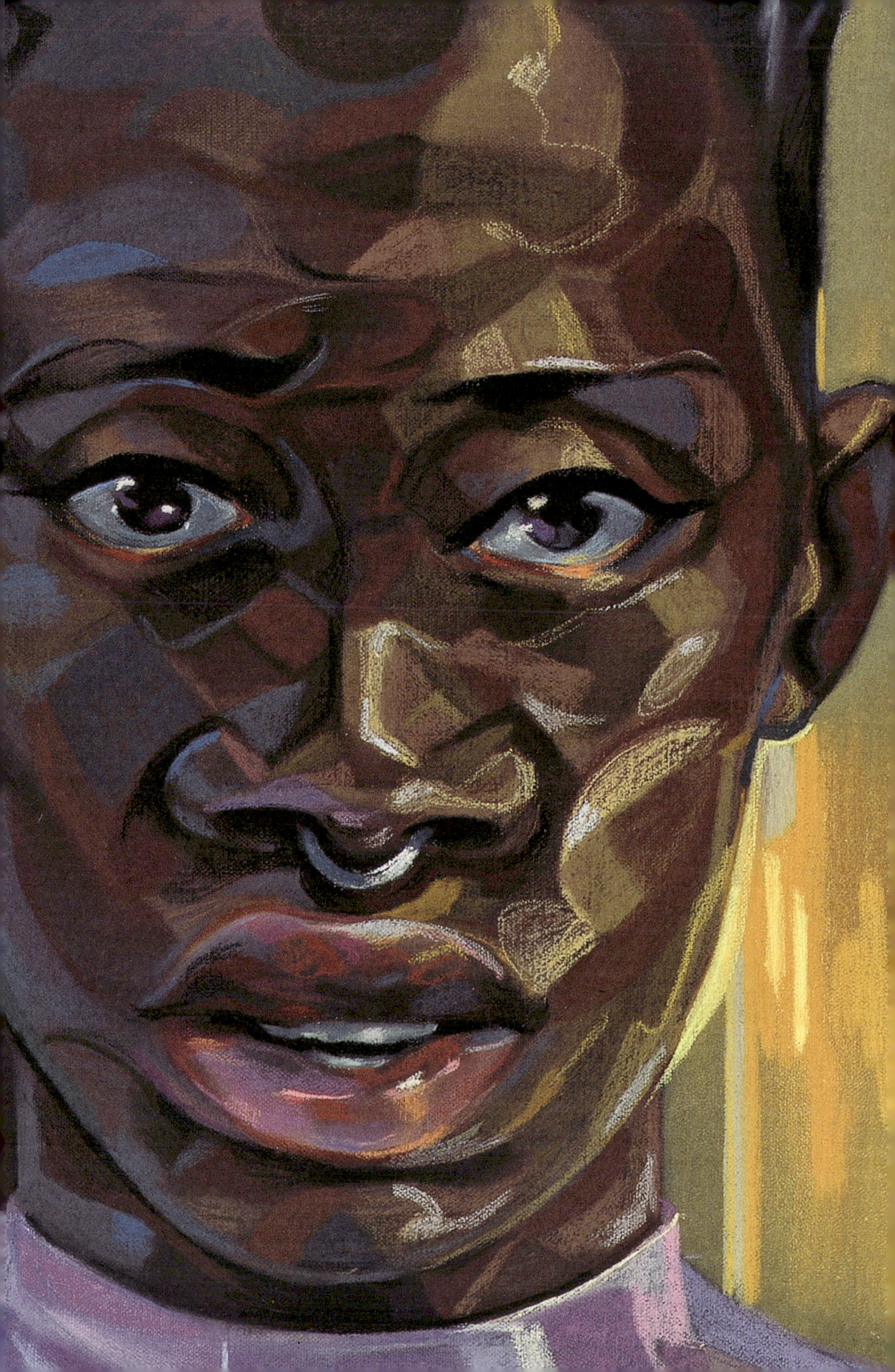

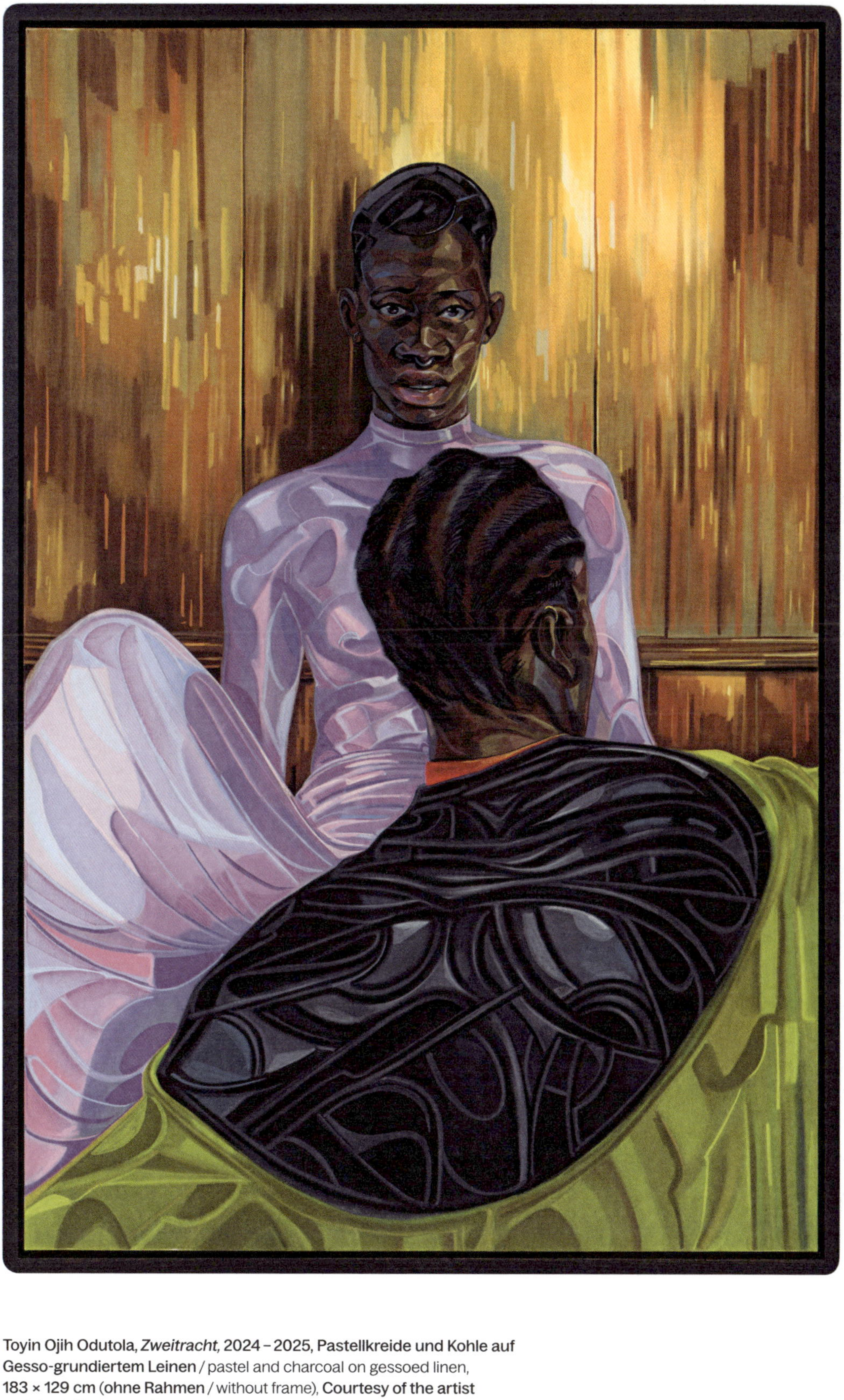

Toyin Ojih Odutola, *Zweitracht,* 2024 – 2025, Pastellkreide und Kohle auf Gesso-grundiertem Leinen / pastel and charcoal on gessoed linen, 183 × 129 cm (ohne Rahmen / without frame), Courtesy of the artist and Jack Shainman Gallery, New York, NY

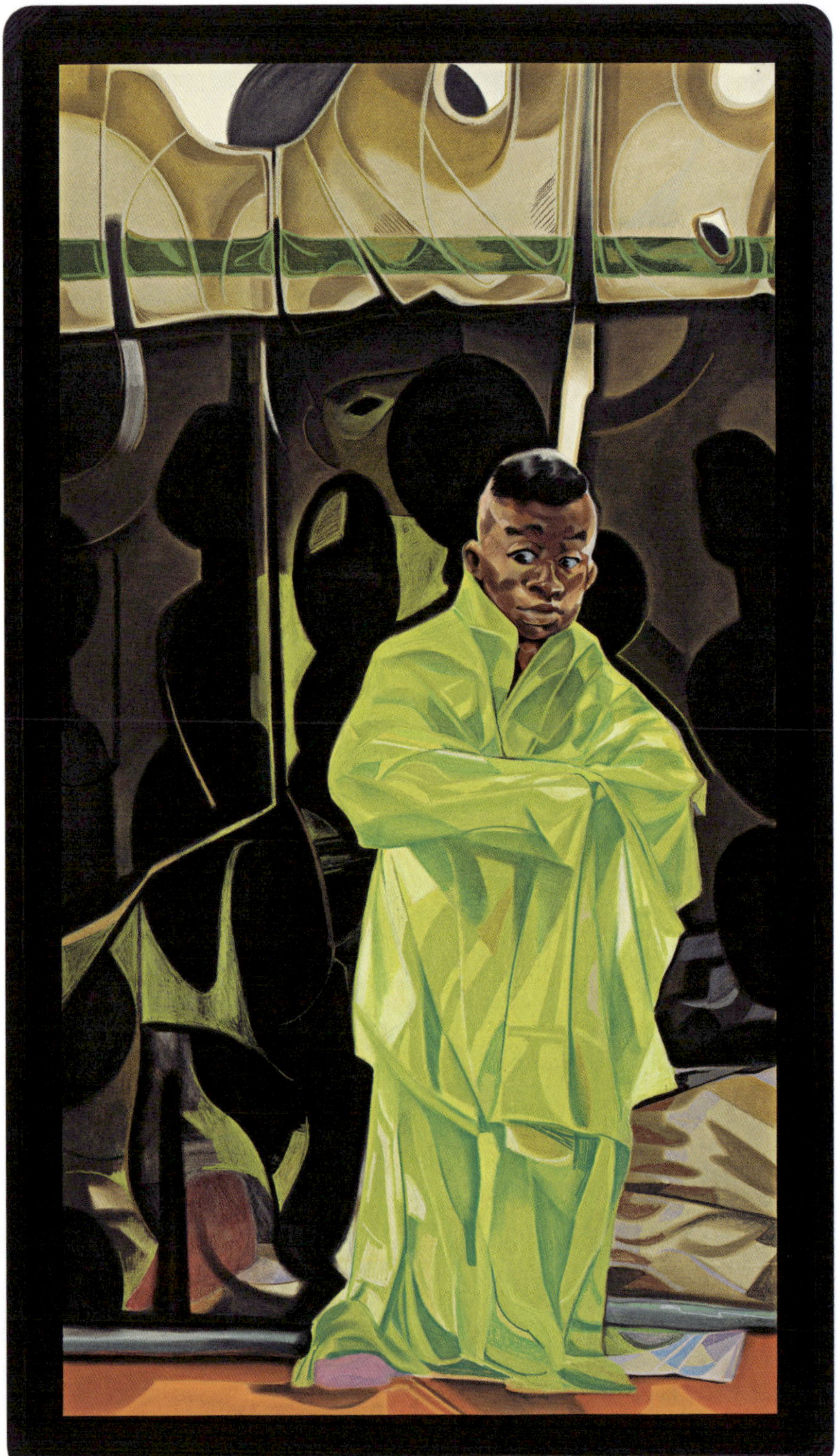

Toyin Ojih Odutola, *Balogun Market Vintage,* 2024 – 2025, Pastellkreide und Kohle auf Papier / pastel and charcoal on paper, 203 × 106,5 cm (ohne Rahmen / without frame), Courtesy of the artist and Jack Shainman Gallery, New York, NY

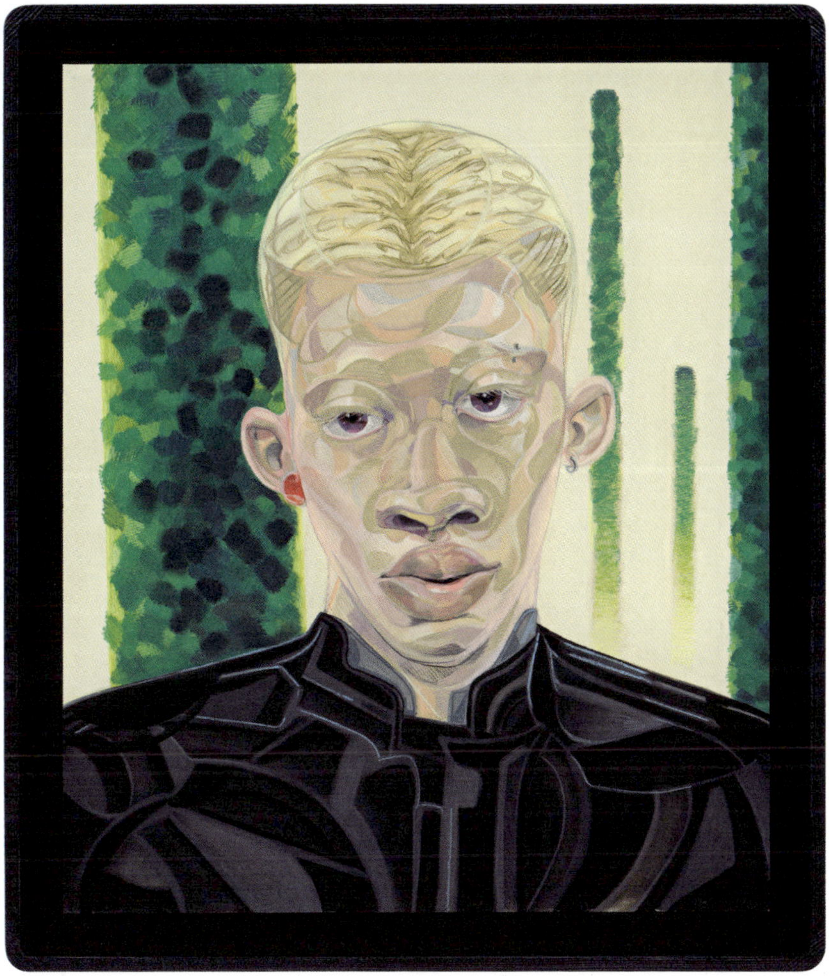

Toyin Ojih Odutola, *New + Ancient (Ẹbí)*, 2025, Pastellkreide und Kohle auf Papier / pastel and charcoal on paper, 106,5 × 91,5 cm (ohne Rahmen / without frame), Courtesy of the artist and Jack Shainman Gallery, New York, NY

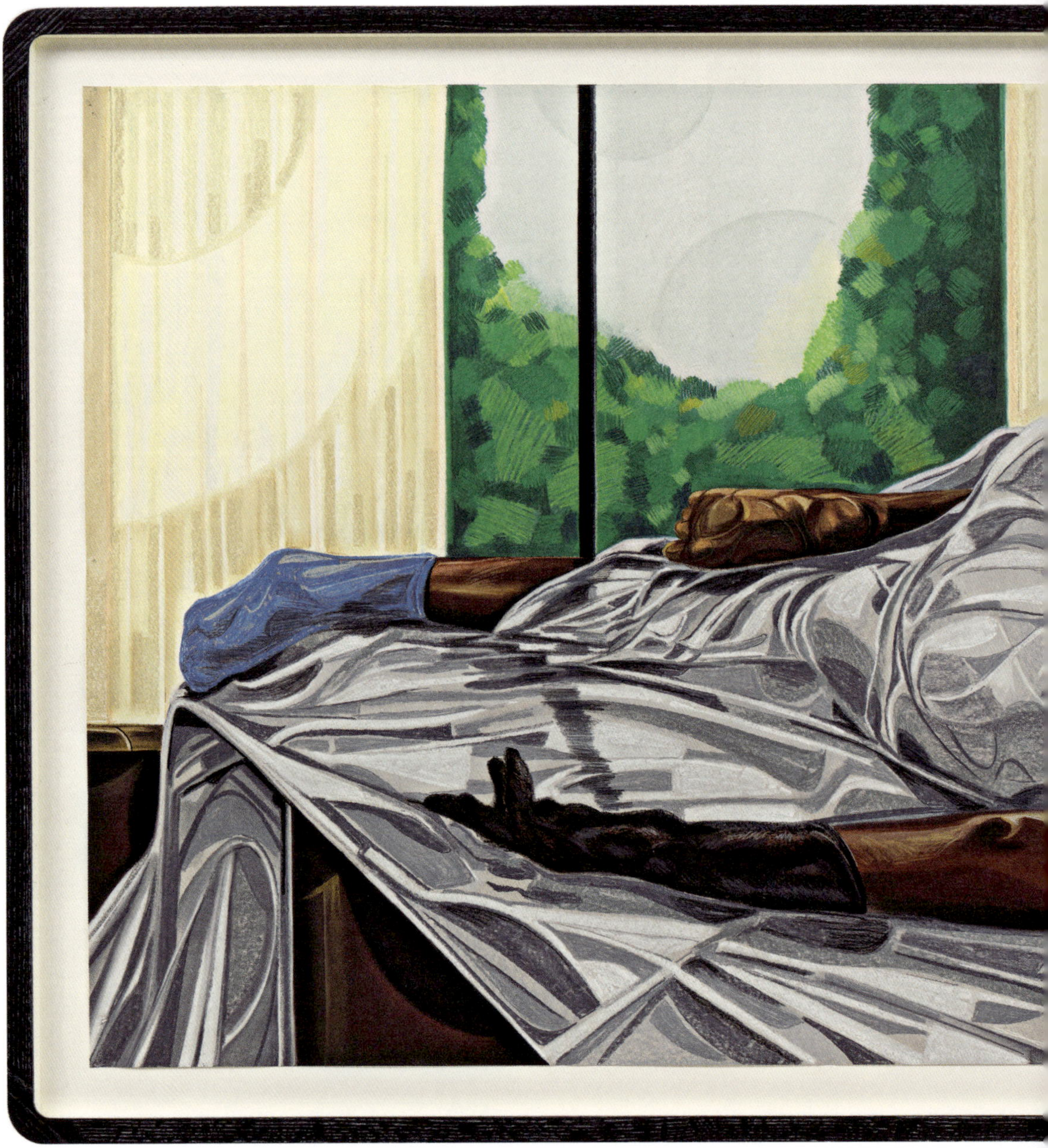

Toyin Ojih Odutola, *Not At All,* 2024 – 2025, Kohle und Graphit auf Papier / charcoal and graphite on paper, 106,5 × 230 cm (ohne Rahmen / without frame), Courtesy of the artist and Jack Shainman Gallery, New York, NY

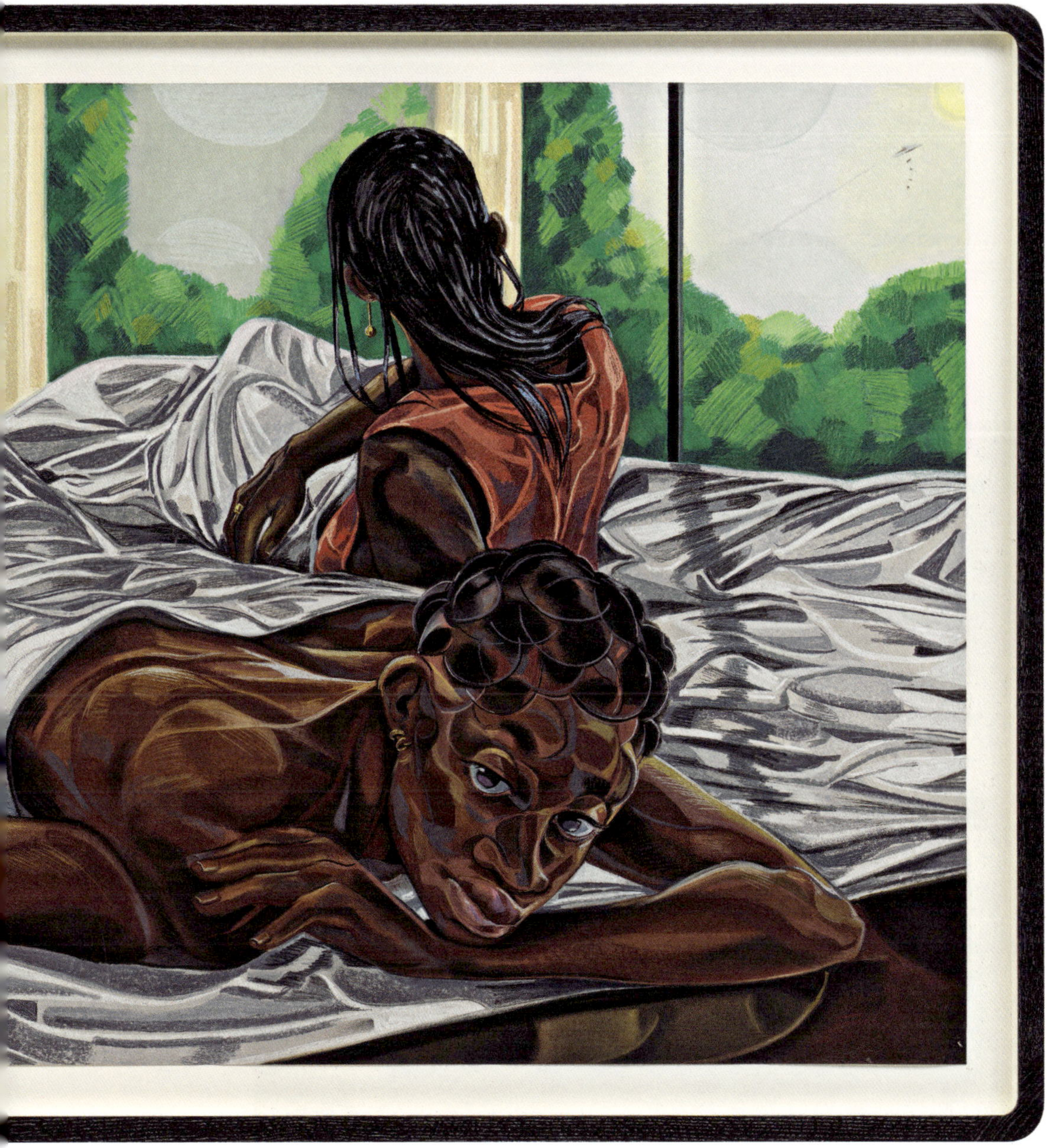

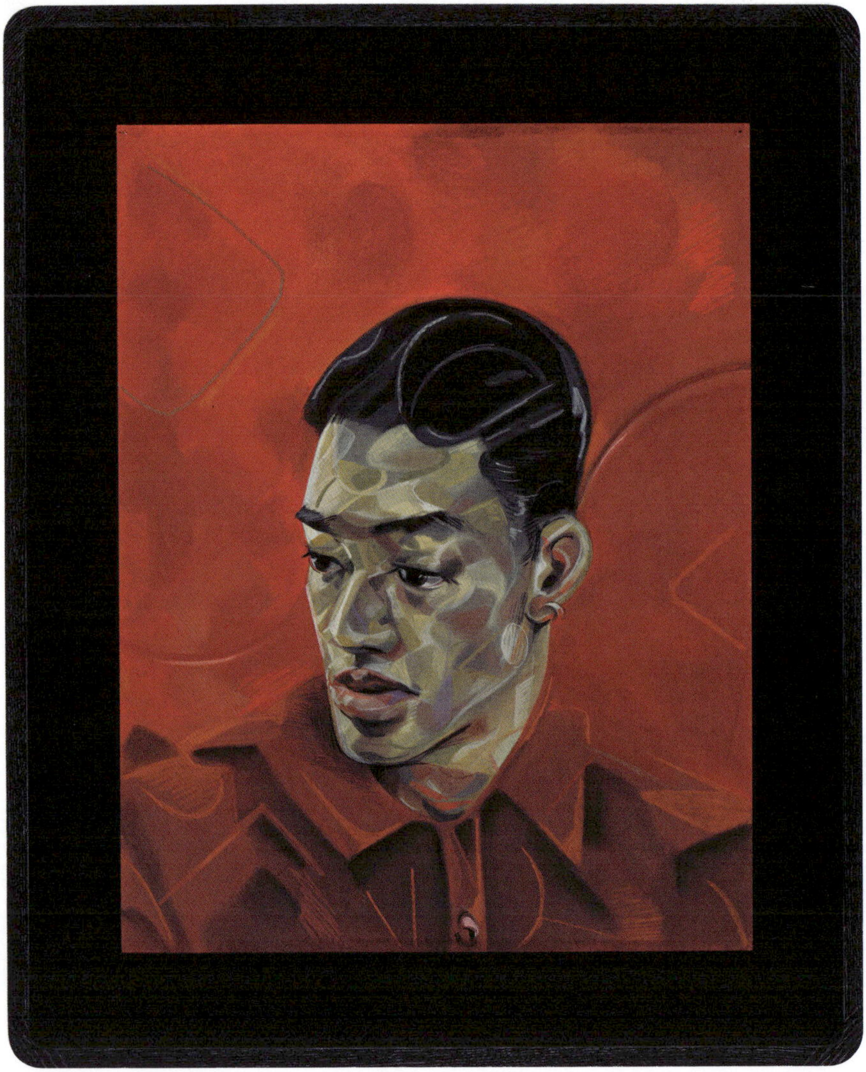

Toyin Ojih Odutola, *2nd Generation,* 2025, Pastellkreide und Kohle auf Papier / pastel and charcoal on paper, 72 × 56 cm (ohne Rahmen / without frame), Courtesy of the artist and Jack Shainman Gallery, New York, NY

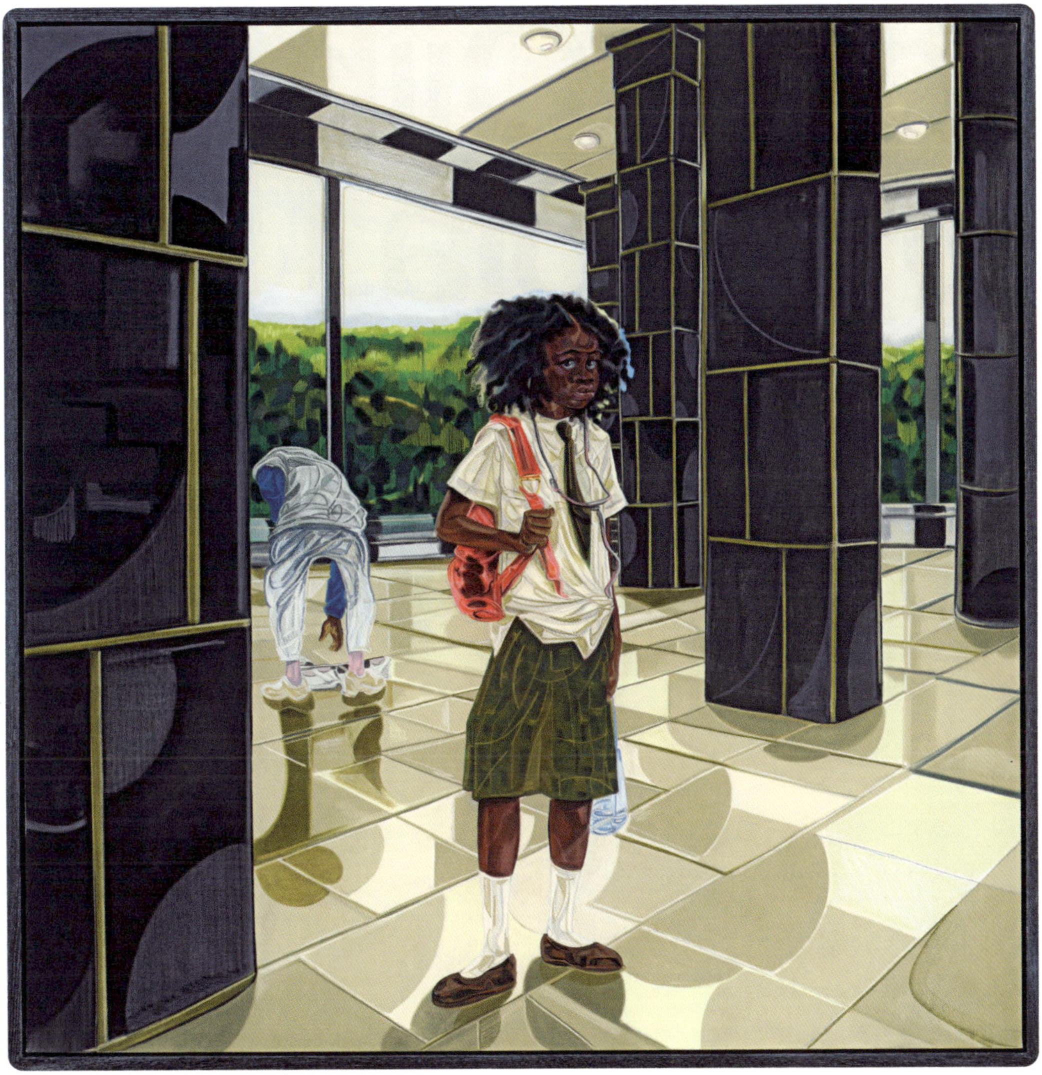

Toyin Ojih Odutola, *Spirited Awey: Chihiro – Ifemelu + Companions @ Adijatu Str. (A Thousand Happenings @ Adijatu Str.)*, 2025, Pastellkreide und Kohle auf Leinen / pastel and charcoal on linen, 203 × 203 cm (ohne Rahmen / without frame), Courtesy of the artist and Jack Shainman Gallery, New York, NY

Toyin Ojih Odutola

Geboren / Born **in Ile-Ife, NG, 1985**
Lebt und arbeitet / Lives and works **in New York City, NY, US**

Ausbildung / Education

2012
MFA in Painting and Drawing, California College of the Arts, San Francisco, CA, US

2008
BA in Studio Art and Communications, University of Alabama, Huntsville, AL, US

2007
Norfolk Summer Residency for Music & Art, Yale University, Norfolk, CT, US

Ausgewählte Einzelausstellungen / Selected Solo Exhibitions

2025
Toyin Ojih Odutola: U22 – Adijatu Straße. Hamburger Bahnhof – Nationalgalerie der Gegenwart, Berlin, DE; Katalog / catalogue

2024
Toyin Ojih Odutola: Ilé Oriaku. Kunsthalle Basel, Basel, CH; Katalog / catalogue

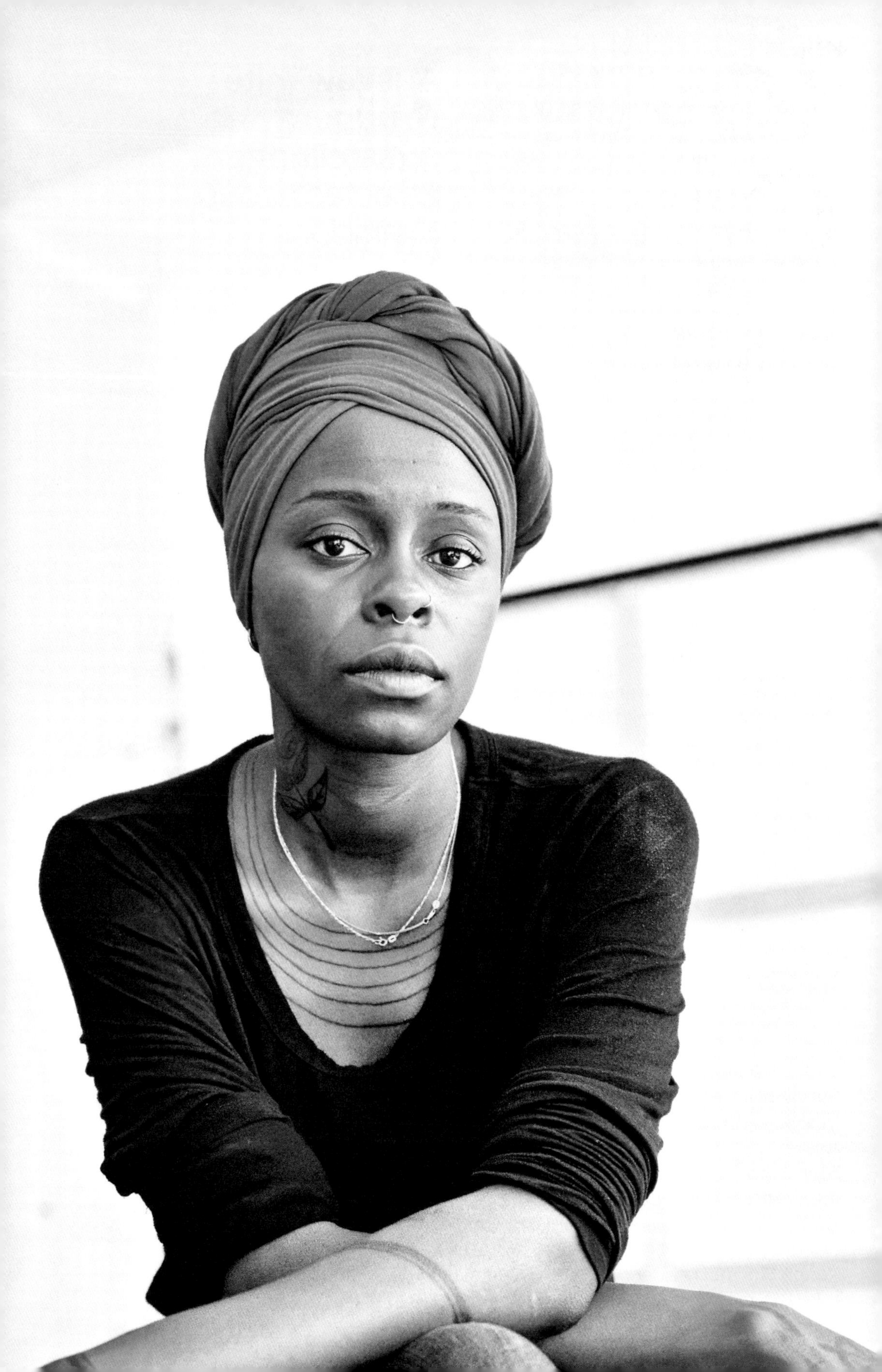

2022
New Work: Toyin Ojih Odutola. San Francisco Museum of Modern Art, San Francisco, CA, US; Künstlerinnenbuch / artist book

2020
Toyin Ojih Odutola: A Countervailing Theory. Barbican Centre, London, GB; Katalog / catalogue (weitere Stationen / travelled to: Kunsten Museum of Modern Art, Aalborg, DK; Hirshhorn Museum and Sculpture Garden, Washington, D.C., US)

2018
Toyin Ojih Odutola: The Firmament. Hood Museum of Art, Dartmouth College, Hanover, NH, US
Toyin Ojih Odutola: Testing the Name. Savannah College of Art and Design, Savannah, GA, US
Scenes of Exchange. Orto botanico di Palermo, Palermo, IT

2017
Toyin Ojih Odutola: To Wander Determined. Whitney Museum of American Art, New York City, NY, US

2016
A Matter of Fact: Toyin Ojih Odutola. Museum of the African Diaspora, San Francisco, CA, US; Katalog / catalogue

2015
Toyin Ojih Odutola: Untold Stories. Contemporary Art Museum, St. Louis, MO, US

2013
Toyin Ojih Odutola: The Constant Wrestler. Indianapolis Museum of Contemporary Art, Indianapolis, IN, US

2008
Toyin Ojih Odutola: A Colonized Mind. University Center Gallery, Huntsvillle, AL, US

Ausgewählte Gruppenausstellungen / Selected Group Exhibitions

2025
Open Relationship. Kunstmuseum Basel, Basel, CH
From Cindy Sherman to Francesco Vezzoli: 80 Contemporary Artists. Palazzo Reale, Mailand / Milan, IT
Bold Women. Spencer Museum of Art, The University of Kansas, Lawrence, KS, US

2024
What It Becomes. Whitney Museum of Art, New York City, NY, US
Giants: Art from the Dean Collection of Swizz Beatz and Alicia Keys. Brooklyn Museum, Brooklyn, NY, US (weitere Stationen / travelled to: High Museum of Art, Atlanta, GA, US; Minneapolis Institute of Art, Minneapolis, MN, US); Katalog / catalogue
The Time is Always Now: Artists Reframe the Black Figure. National Portrait Gallery, London, GB (weitere Stationen / travelled to: The Box Museum Gallery Archive, Plymouth, GB; Philadelphia Museum of Art, Philadelphia, PA, US; North Carolina Museum of Art, Raleigh, NC, US); Katalog / catalogue
Nigeria Imaginary. Nigerianischer Pavillon / Nigerian Pavilion, La Biennale di Venezia, Venedig / Venice, IT
A Superlative Palette: Contemporary Black Women Artists. Harvey B. Gantt Center for African-American Arts + Culture, Charlotte, NC, US; Katalog / catalogue
Future Minded: New Works in the Collection. Harvard Art Museums, Cambridge, MA, US

2023
Kindred Worlds: The Priscila & Alvin Hudgins Collection. Hudson River Museum, Yonkers, NY, US
He Said/She Said: Contemporary Women Artists Interject. Dallas Museum of Art, Dallas, TX, US
Togetherness: For Better or Worse. Green Family Collection, Dallas, TX, US
Sounds of Blackness. Metropolitan Museum of Manila, Taguig, Manila, PH

2022
When We See Us: A Century of Black Figuration in Painting. Zeitz Museum of Contemporary Art Africa, Kapstadt / Cape Town, ZA (weitere Stationen / travelled to: Kunstmuseum Basel, Basel, CH; Bozar, Brüssel / Brussels, BE); Katalog / catalogue
Manifesto of Fragility. Biennale de Lyon, Lyon, FR; Katalog / catalogue
Living Histories. The Frick Collection, New York City, NY, US; Katalog / catalogue
Among Friends: Three Views of a Collection. The FLAG Art Foundation, New York City, NY, US
Elegies: Still Lifes in Contemporary Art. Originating Museum of the African Diaspora, San Francisco, CA, US

2021
Afro-Atlantic Histories. Museum of Fine Arts, Houston, TX, US (weitere Stationen / travelled to: National Gallery of Art, Washington, D.C., US; Los Angeles County Museum of Art, Los Angeles, CA, US; Dallas Museum of Art, Dallas, TX, US); Katalog / catalogue

2020
Ubuntu: Five Rooms from the Harry David Collection. National Museum of Modern Art, Athen / Athens, GR
I'm yours: Encounters with Art in Our Times. ICA Boston, Boston, MA, US
Nine Lives: The Renaissance Society. Chicago, IL, US
Duro Olowu: Seeing Chicago. Museum of Contemporary Art, Chicago, IL, US

2019
Embody. Mandeville Gallery, Union College, Schenectady, NY, US
Driving Forces: Contemporary Art from the Collection of Ann and Ron Pizzuti. Columbus Museum of Art, Columbus, OH, US; Katalog / catalogue
Prospect. Museum of Contemporary Art San Diego, San Diego, CA, US
Show Me as I Want to Be Seen. Contemporary Jewish Museum, San Francisco, CA, US; Katalog / catalogue
Men of Change. California African American Museum, Los Angeles, CA, US
Plumb Line: Charles White and the Contemporary. California African American Museum, Los Angeles, CA, US
Drawn Together Again. The FLAG Art Foundation, New York City, NY, US
Dreamweavers. UTA Artist Space, Beverly Hills, CA, US

2018
Shifting Gaze: A Reconstruction of the Black & Hispanic Body in Contemporary Art. The Menello Museum of American Art, Orlando, FL, US (weitere Stationen / travelled to: Virginia Museum of Contemporary Art, Virgina Beach, VA, US; Galleries at Peeler, Depauw University, Greencastle, IN, US; Opalka Gallery, Russell Sage College, Albany, NY, US)
Pulse. Nerman Museum of Contemporary Art, Overland Park, KS, US
For Opacity. The Drawing Center, New York City, NY, US; Katalog / catalogue
Histórias Afro-Atlânticas. São Paulo Museum of Art, São Paulo, BR; Katalog / catalogue
The Racial Imaginary Institute: On Whiteness. The Kitchen, New York City, NY, US
Legacy of the Cool: A Tribute to Barkley L. Hendricks. Massachusetts College of Art and Design, Boston, MA, US

2017

Ethics of Depiction: Landscape, Still Life, Human. Oakland University Art Gallery, Rochester, MI, US; Katalog / catalogue
Political Discourse. University Hall Gallery, UMass, Boston, MA, US
Investigating Identity: Race, Gender, and Sexuality in Contemporary Art and Prints from the Permanent Collection. Maier Museum of Art, Randolph College, VA, US
New at NoMA: Recent Acquisitions in Modern and Contemporary Art. New Orleans Museum of Art, LA, US

2016

Africa Forecast: Fashioning Contemporary Life. Spelman College Museum of Fine Art, Atlanta, GA, US
Material Issue. Kentucky Museum of Art and Craft, Louisville, KY, US
Stark Imagery: The Male Nude in Art. William Benton Museum of Art, Storrs, CT, US
Making Her Mark. Mattatuck Museum, Waterbury, CT, US; Katalog / catalogue
The Mecca. JCT Gallery, Toronto, CA

2015

Disguise: Masks and Global African Art. Seattle Art Museum, Seattle, WA, US (weitere Stationen / travelled to: Fowler Museum, UCLA, Los Angeles, CA, US; Brooklyn Museum, New York City, NY, US); Katalog / catalogue
Black: Color, Material, Concept. The Studio Museum in Harlem, New York City, NY, US
Interventions in Printmaking: Three Generations of African American Women. Allentown Art Museum, Allentown, PA, US
SELF: Portraits of Artists in Their Absence. National Academy Museum of Art, New York City, NY, US
Piece by Piece: Building a Collection, Selections from the Christy & Bill Gautreaux Collection. Kemper Museum of Contemporary Art, Kansas City, MO, US
Breath/Breadth: Contemporary American Black Male Identity. Maier Museum of Art, Randolph College, Lynchburg, VA, US

2014

Seeing Now. 21C Museum, Louisville, KY, US (weitere Stationen / travelled to: Durham, NC, US; Cincinnati, OH, US; Bentonville, AR, US; Nashville, TN, US; Oklahoma City, OK, US)
I See You. Harvey B. Gantt Center for African American Art, Charlotte, NC, US
South X East: Southeastern Contemporary Art. Schmidt Center Gallery and Ritter Art Gallery, Florida Atlantic University School of the Arts, Boca Raton, FL, US
The Mosaic Project: Odutola & Panas. Pennsylvania College of Art & Design, Lancaster, PA, US

2013

The Six Draughtsmen. Museum of Contemporary African Diasporan Arts / MoCADA, New York City, NY, US
Black Hair: Black Identity. Chapman Gallery, Iona College, New Rochelle, NY, US
Singular Masses: An Examination of Racial Identity. Hyde Gallery, Memphis College of Art, Memphis, TN, US
The Moment for Ink. Chinese Cultural Center, San Francisco, CA, US
Ballpoint Pen Drawing Since 1950. Aldrich Contemporary Art Museum, Ridgefield, CT, US

2012

Fore and Gordon Parks: A Harlem Family 1967. The Studio Museum in Harlem, New York City, NY, US
The Progress of Love. Menil Collection, Houston, TX, US; Katalog / catalogue
Afro: Black Identity in America and Brazil. Tamarind Institute, Albuquerque, NM, US
Falling Through Space Drawn by the Line. UB Art Galleries, University at Buffalo, Buffalo, NY, US

2011
The Black Portrait. Rush Arts Gallery, New York City, NY, US
Frontrunners: The San Francisco Foundation Murphy & Cadogan Fellowship Awards Exhibition. SOMArts, San Francisco, CA, US
Ουροβόρος | Ouroboros: An Exhibition & Reading. California College of the Arts Writer's Studio, San Francisco, CA, US; kuratiert von / curated by Toyin Ojih Odutola & Nick Johnson
Selections on View. Contemporary Galleries of Birmingham Museum, Birmingham, AL, US

2010
Common Ground. ARTLAB33 / Art Space, Miami, FL, US

2008
Flesh and Bone: Mixed Media Exhibition of Bodies and Nature. Madrone Lounge, San Francisco, CA, US
Misc. Womanhood. Ori: Center for African Diasporic Culture, Oakland, CA, US
Panoply Festival of Arts. Huntsville City Council for the Arts, Huntsville, AL, US

Auszeichnungen und Stipendien / Awards, Fellowships and Grants

2024
Joyce Alexander Wein Artist Prize, Studio Museum in Harlem, New York City, NY, US

2020
Prix Jean-François Prat, Fonds de dotation Bredin Prat pour l'art contemporain, Paris, FR

2018
Rees Visionary Award, Amref Health Africa, Nairobi, KE

2017
Lida A. Orzeck '68 Distinguished Artist-in-Residence, Barnard College, New York City, NY, US

2016
Artist-in-Residence, Headlands Center for the Arts, Sausalito, CA, US

2014
Artist-in-Residence, Tamarind Institute, Albuquerque, NM, US
Artist-in-Residence, Flying Horse Editions, College of Arts & Humanities, University of Central Florida, Orlando, FL, US

2012
Artist-in-Residence, Tamarind Institute, Albuquerque, NM, US
Artist-in-Residence, Flying Horse Editions, College of Arts & Humanities, University of Central Florida, Orlando, FL, US

2011
Murphy and Cadogan Fellowship Award, San Francisco Foundation, San Francisco, CA, US

2008
Erzulie Veasey Johnson Painting & Drawing Award, University of Alabama, Huntsville, AL, US

2007
Ellen Battell Stoeckel Fellowship Grant, Yale Norfolk School of Art, Norfolk, CT, US

Ausgewählte Publikationen / Selected Publications

Toyin Ojih Odutola, *Satellite*, San Francisco: RITE Editions, 2022.

Toyin Ojih Odutola, *Tell Me A Story, I Don't Care If It's True*, Seattle: Pacific, 2021.

Toyin Ojih Odutola, *The UmuEze Amara Clan and the House of Obafemi*, New York: Rizzoli Electa, 2021.

Toyin Ojih Odutola, *The Treatment, 2015–17*, Montreal: Anteism Books, 2018.

Toyin Ojih Odutola, *Alphabet: A Selected Index of Anecdotes and Drawings* (Eigenverlag / self-publishing), 2012.

Vorträge und Lehre / Lectures and Teaching

2018
Vortrag / Lecture, Barnard College, New York City, NY, US
Intensivkurs Zeichnen / Drawing Intensive Course, Barnard College, New York City, NY, US

2017
Intensivkurs Zeichnen / Drawing Intensive Course, Anderson Ranch Arts Center, Snowmass, CO, US
Vortrag / Lecture, Anderson Ranch Arts Center, Snowmass Village, CO, US
Vortrag / Lecture, University of California Berkeley, African American and African Diaspora Studies Department, Berkeley, CA, US

2016
Vortrag / Lecture, Parsons School of Art and Design, New York City, NY, US
Keynote Address, The Dark Room Fourth Exposure Symposium, Mount Holyoke, South Hadley, MA, US

2014
Vortrag / Lecture, Pennsylvania College of Art & Design, Lancaster, PA, US
Vortrag / Lecture, Rhode Island School of Design, Providence, RI, US

Öffentliche Sammlungen / Public Collections

Baltimore Museum of Art, MD, US
Birmingham Museum of Art, AL, US
Frye Art Museum, Seattle, WA, US
Harvard Art Museums, Cambridge, MA, US
Holstebro Kunstmuseum, Holstebro, DK
Hood Museum of Art, Dartmouth College, Hanover, NH, US
Institute of Contemporary Art, Boston, MA, US
Institute of Contemporary Art, Miami, FL, US
Kunstmuseum Basel, Basel, CH
Maier Museum of Art, Randolph College, Lynchburg, VA, US
Mississippi Museum of Art, Jackson, MS, US
Museum of Contemporary Art, San Diego, CA, US
Museum of Modern Art, New York City, NY, US
National Museum of African Art, Smithsonian Institution, Washington, D.C., US
National Portrait Gallery, London, GB
National Portrait Gallery, Smithsonian Institution, Washington, D.C., US
New Orleans Museum of Art, New Orleans, LA, US
Pennsylvania Academy of the Fine Arts, Philadelphia, PA, US
Philadelphia Museum of Art, PA, US

Princeton University Art Museum,
Princeton, NJ, US
RISD Museum, Providence, RI, US
Tate Modern, London, GB
The Art Institute of Chicago, IL, US
The Contemporary Museum,
Honolulu, HI, US
The Dean Collection, New York City, NY, US
The Metropolitan Museum of Art,
New York City, NY, US
The National Museum of African Art,
Smithsonian Institution, Washington, D.C., US
The Studio Museum in Harlem,
New York City, NY, US
Whitney Museum of American Art,
New York City, NY, US

Impressum / Imprint

Diese Publikation erscheint anlässlich der Ausstellung /
Published on the occasion of the exhibition
Toyin Ojih Odutola. U22 – Adijatu Straße
13. Juni 2025 – 4. Januar 2026 /
13 June 2025 – 4 January 2026
im / at **Hamburger Bahnhof – Nationalgalerie der Gegenwart, Staatliche Museen zu Berlin**
Direktoren / Directors: **Sam Bardaouil & Till Fellrath**
smb.museum/hbf

Ausstellung / Exhibition

Kuratoren / Curators:
Sam Bardaouil &Till Fellrath
Assitenzkuratorin / Assistant Curator:
Emily Finkelstein
Restauratorische Betreuung / Conservation:
Ina Hausmann, Leonie Samland, Hannah Stumpf, Leon Wilke
Ausstellungskoordination / Exhibition Coordination:
Elena Montini, Sophie Schattner
Kommunikation / Communication:
Fiona Geuß, Anna Nike Sohrauer, Lorenz Dünges, Nada Hussein, Theo Lemaire
Kunstvermittlung / Mediation:
Claudia Ehgartner, Sonja Azizaj, Miriam Elisa Heidenreich
Sekretariat / Office:
Katrin Berendsen, Katherine Israel-Koedel
Sammlungsverwalter / Collection Management:
Jörg Lange, Thomas Seewald
Hauselektrik / Inhouse Electrics: **Garry Rogge**
Haustechnik / Maintenance:
Dirk Wagner, Stefan Gösche, Frank Wloka
Praktikantinnen / Interns:
Lisa Bockius, Linda Eriksson

Ausstellungsbau / Exhibition Construction:
MWB Theater- und Veranstaltungsdesign
Art Handling: Flat Mountain Production
Licht / Exhibition Lighting: **Flat Mountain Production**
Medientechnik / Audiovisuals: **visionb**
Ausstellungsgrafik / Exhibition Graphics: **Eps51**
Produktion Ausstellungsgrafik /
Production of Exhibition Graphics: **Annette Herwegh**

Publikation / Catalogue

Für die / For the **Nationalgalerie – Staatliche Museen zu Berlin**
herausgegeben von / edited by
Sam Bardaouil & Till Fellrath
Autor*innen / Authors:
Sam Bardaouil, Emily Finkelstein, Toyin Ojih Odutola, Leigh Raiford
Redaktion / Editing: **Lisa Hörstmann**
Übersetzungen / Translations:
Anne Diestelkamp, Harriet Fricke

Visuelles Konzept und Design /
Visual Concept and Design: **Eps51**
Druck und Bindung / Printing and Binding:
Tipostampa, Moncalieri
Papier / Paper: **Fedrigoni Arena White Rough**
Schriften / Fonts: **HB Bagoss (Displaay)**

Cover:
Toyin Ojih Odutola, *Spirited Awey: Chihiro – Ifemelu + Companions @ Adijatu Str. (A Thousand Happenings @ Adijatu Str.)*, 2025, Pastellkreide und Kohle auf Leinen / pastel and charcoal on linen, **203 × 203 cm (ohne Rahmen** / without frame**), Courtesy of the artist and Jack Shainman Gallery, New York, NY**

Erschienen bei / Published by
Silvana Editoriale S.p.A., Cinisello Balsamo
www.silvanaeditoriale.it

Silvana Editoriale

Hauptgeschäftsführung / Chief Executive:
Michele Pizzi
Verlagsleitung / Editorial Director: **Sergio Di Stefano**
Art Director: Giacomo Merli
Redaktionskoordination / Editorial Coordinator:
Maria Chiara Tulli
Korrektorat / Copy Editor: **Cristina Pradella**
Produktionskoordination / Production Coordinator:
Antonio Micelli
Redaktionsassistenz / Editorial Assistant:
Giulia Mercanti
Bildredaktion / Photo Editor: **Silvia Sala**
Pressestelle / Press Office: **Lidia Masolini**

Die Deutsche Nationalbibliothek verzeichnet diese Publikation in der Deutschen Nationalbibliografie; detaillierte bibliografische Daten sind im Internet über http://dnb.dnb.de abrufbar. /
The German National Library lists this publication in the German National Bibliography. Detailed bibliographic data are available at http://dnb.dnb.de.

Printed in the EU
ISBN: 9788836660773

FSC www.fsc.org
MISTO
Carta | A sostegno della gestione forestale responsabile
FSC® C173858

Abbildungsverzeichnis / Photo Credits

Foto S. / Photo pp. **1–15, 26, 29, 66, 102–115: © Staatliche Museen zu Berlin, Nationalgalerie / Jacopo La Forgia**
Foto S. / Photo pp. **32, 35, 60, 61, 68, 69, 72, 74, 78, 79: © Dan Bradica Studio**
Foto S. / Photo p. **45: © Katherine Du Tiel.**
***New Work* Ausstellungswände gestaltet in Zusammenarbeit mit /**
installation walls painted in collaboration with **Twin Walls Murals Company, LLC.**
Foto S. / Photo p. **48: © Max Colson**
Foto S. / Photo p. **53: © Philipp Haenger / Kunsthalle Basel**
Foto S. / Photo p. **91: © Beth Wilkinson**

Dank / Acknowledgements

Die Ausstellung wird gefördert von / With the support of:
Hamburger Bahnhof International Companions e.V.

Die Publikation wurde ermöglicht durch / The publication was made possible by:
Byoung Ho Son
Hamburger Bahnhof International Companions e.V.

Der Hamburger Bahnhof dankt für die enge Zusammenarbeit mit dem Studio der Künstlerin und Jack Shainman Gallery. / Hamburger Bahnhof would like to thank the artist's studio and Jack Shainman Gallery for their close collaboration.

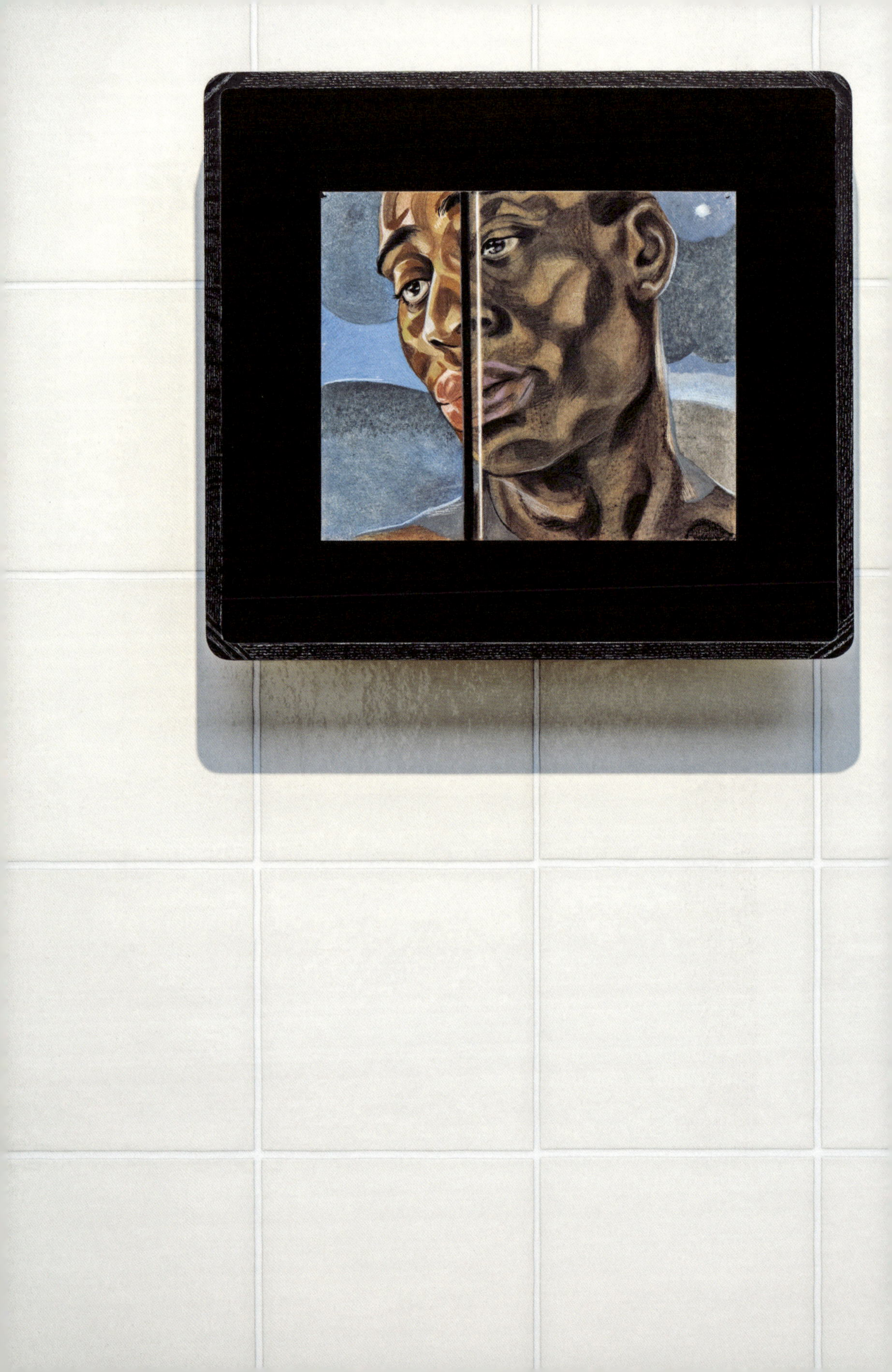

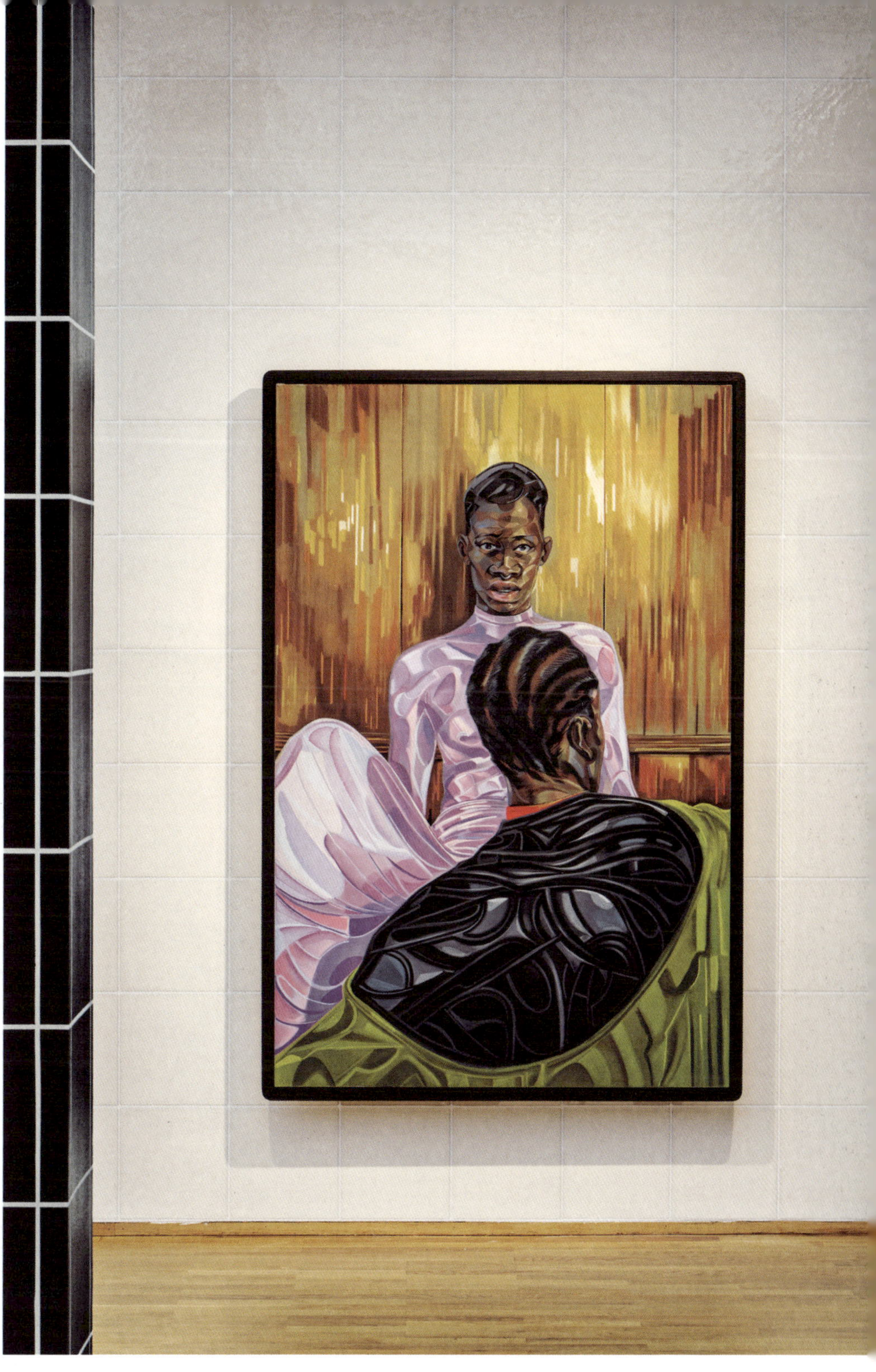

Toyin Ojih Odutola. U22 – Adijatu Straße,
Ausstellungsansicht / exhibition view Hamburger Bahnhof – Nationalgalerie der Gegenwart, Berlin, 2025

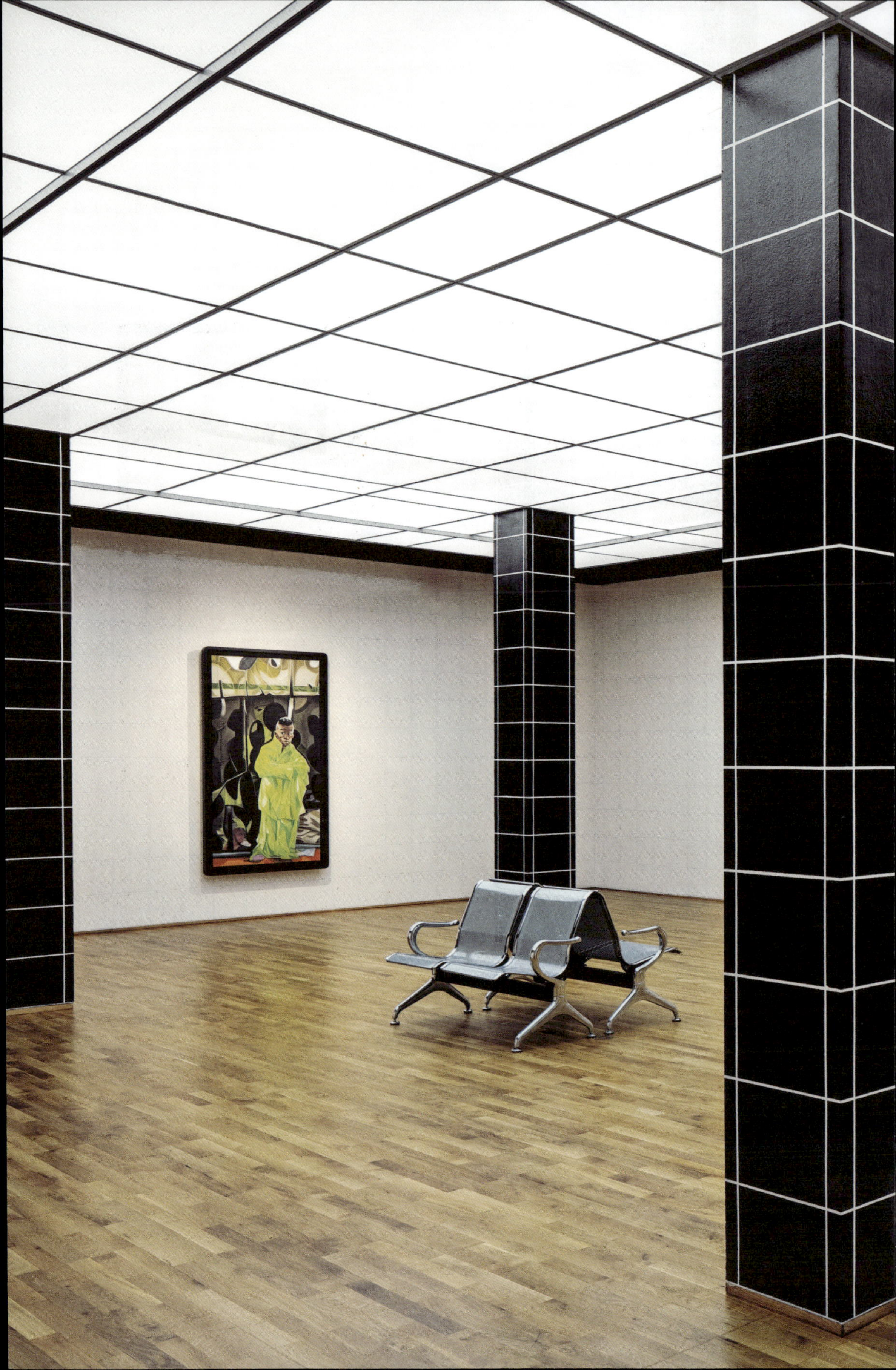

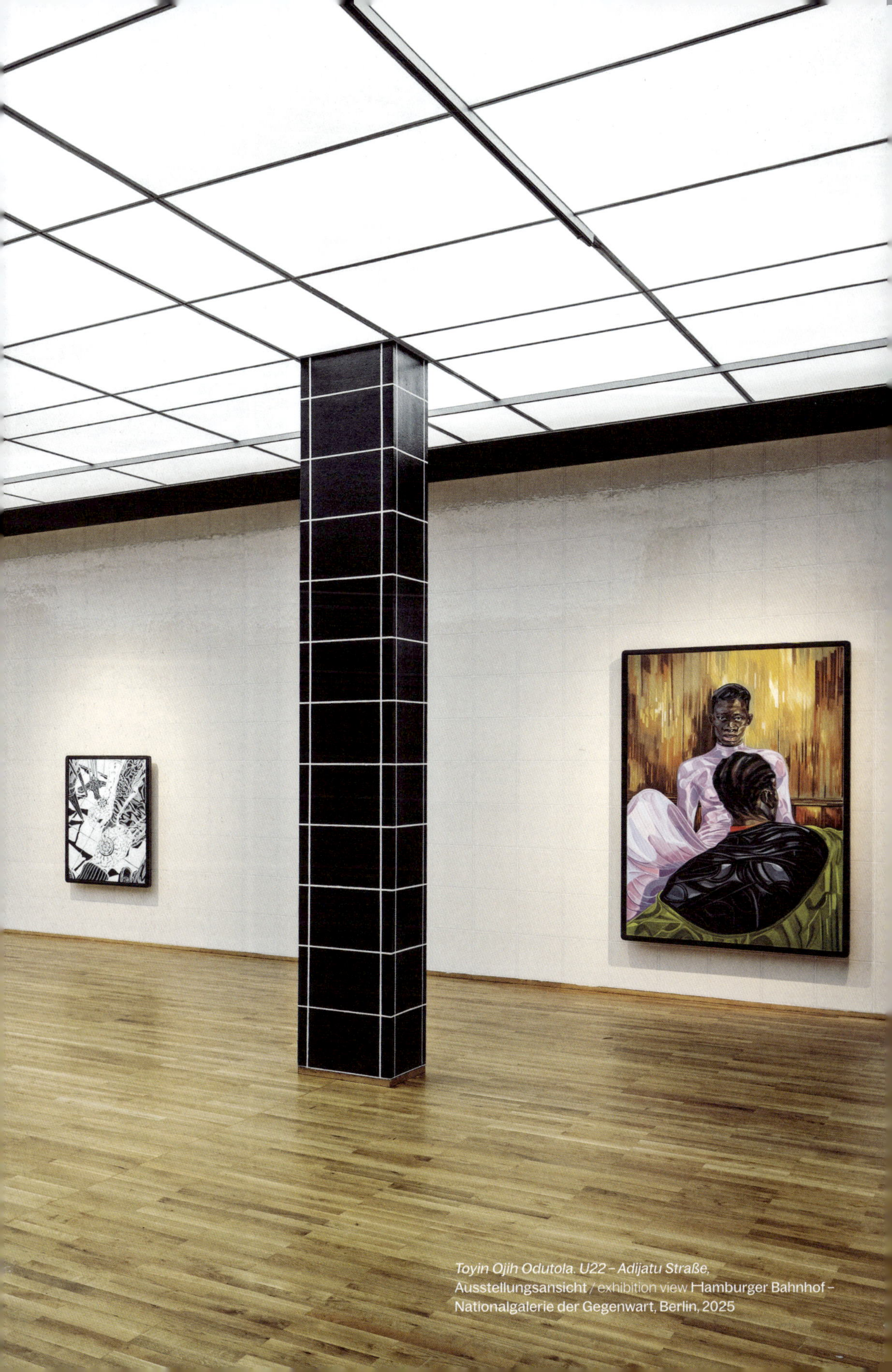

Toyin Ojih Odutola. U22 – Adijatu Straße,
Ausstellungsansicht / exhibition view Hamburger Bahnhof –
Nationalgalerie der Gegenwart, Berlin, 2025

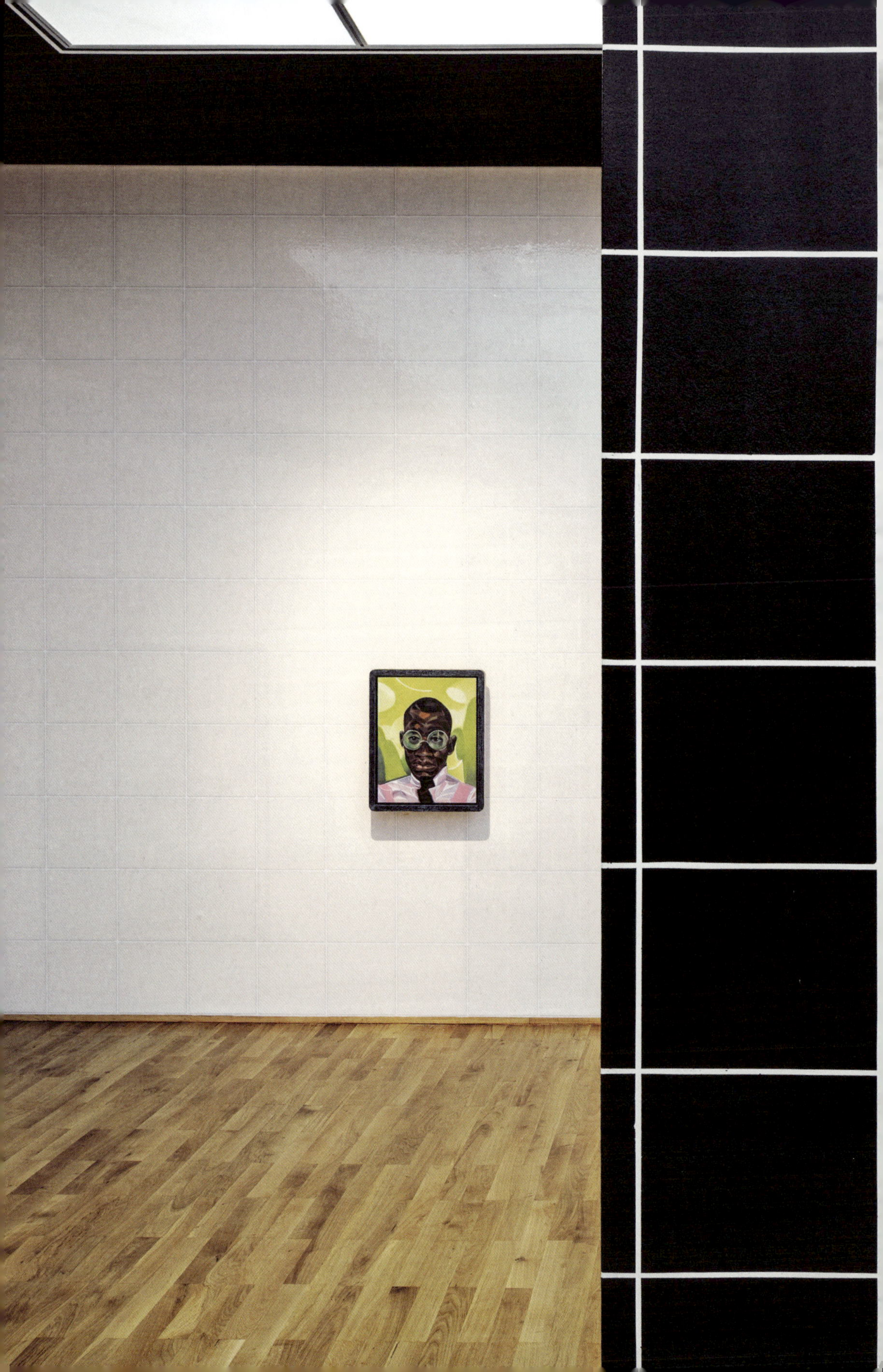

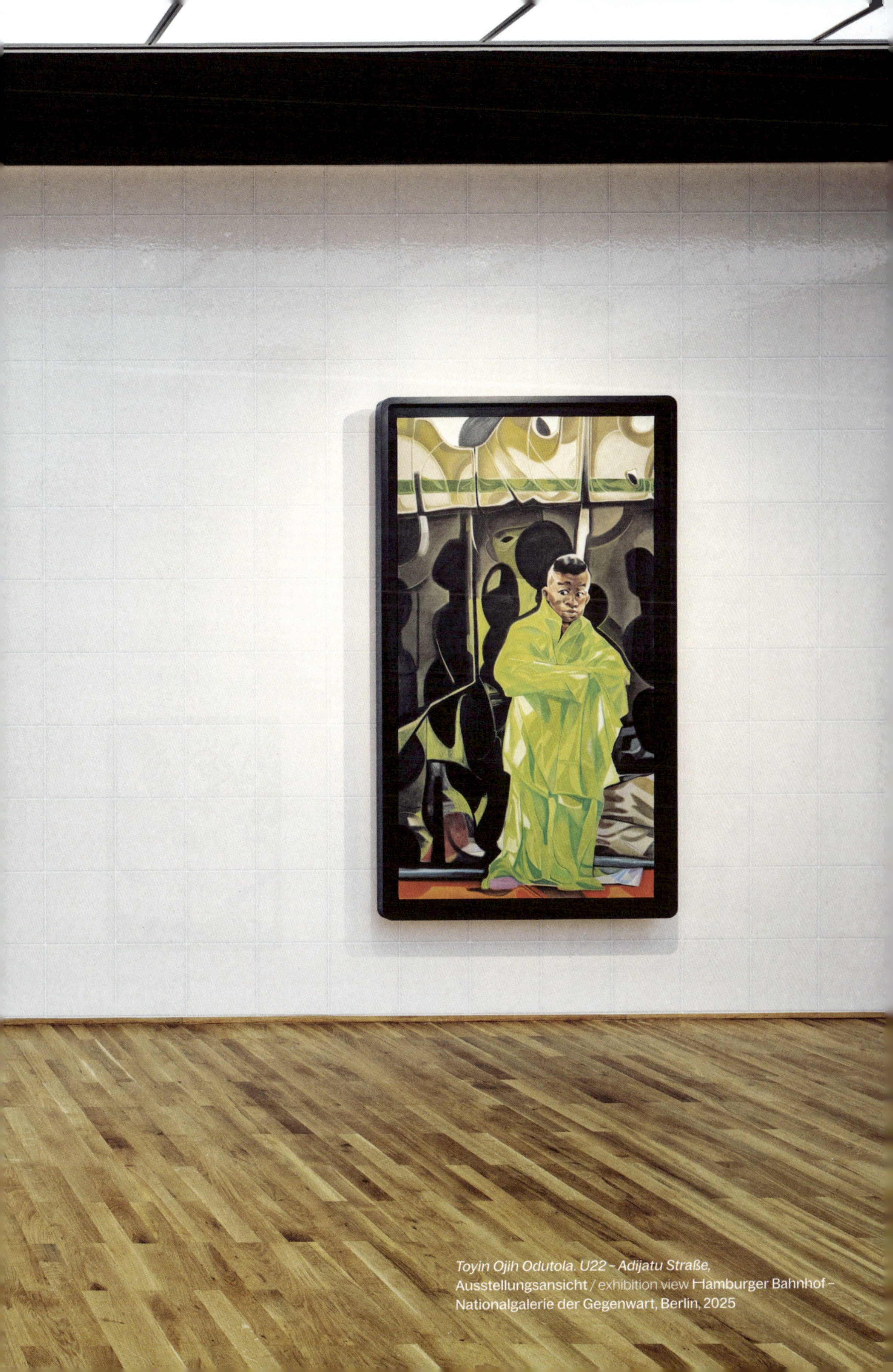

Toyin Ojih Odutola. U22 – Adijatu Straße,
Ausstellungsansicht / exhibition view Hamburger Bahnhof – Nationalgalerie der Gegenwart, Berlin, 2025

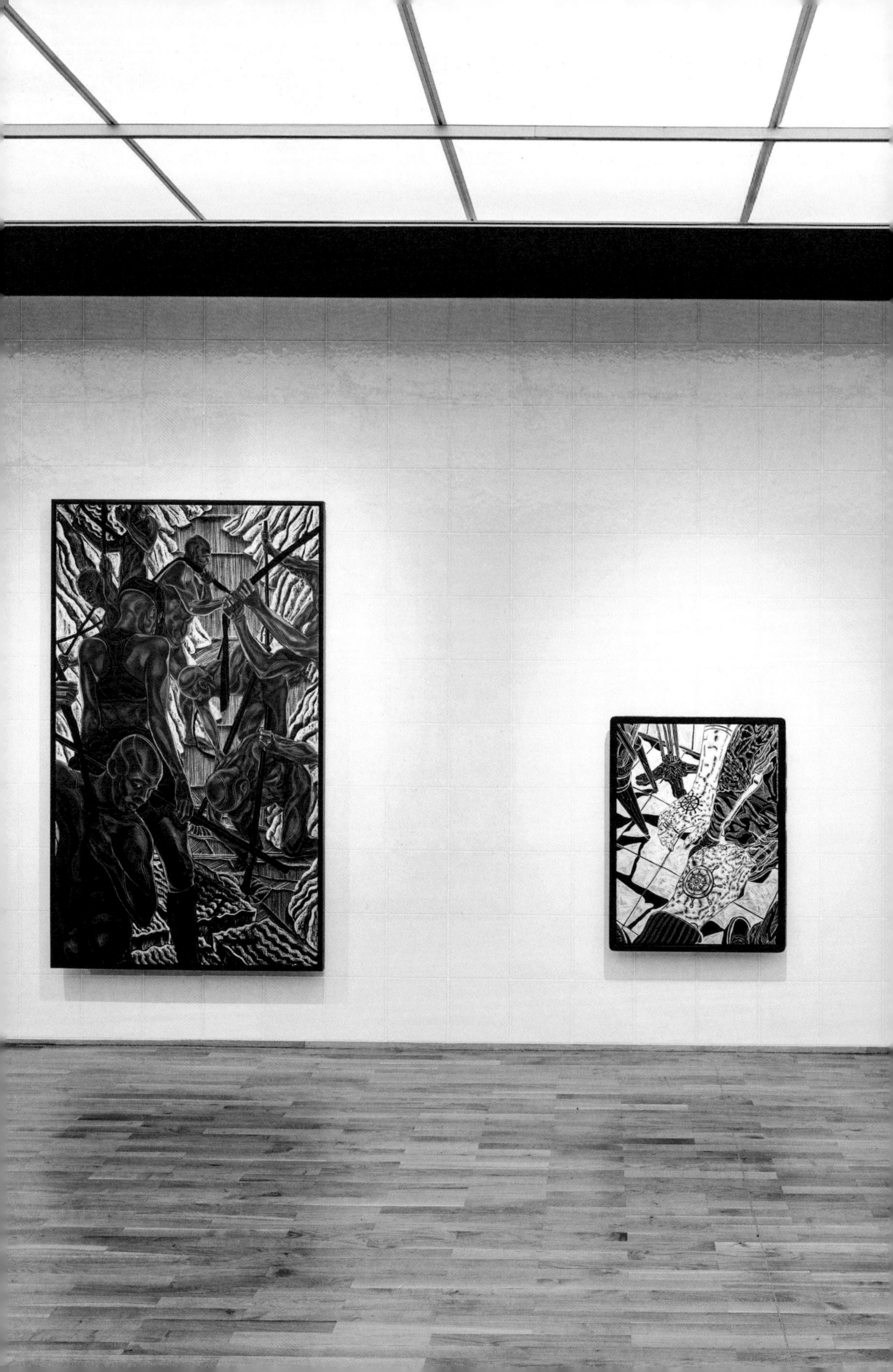

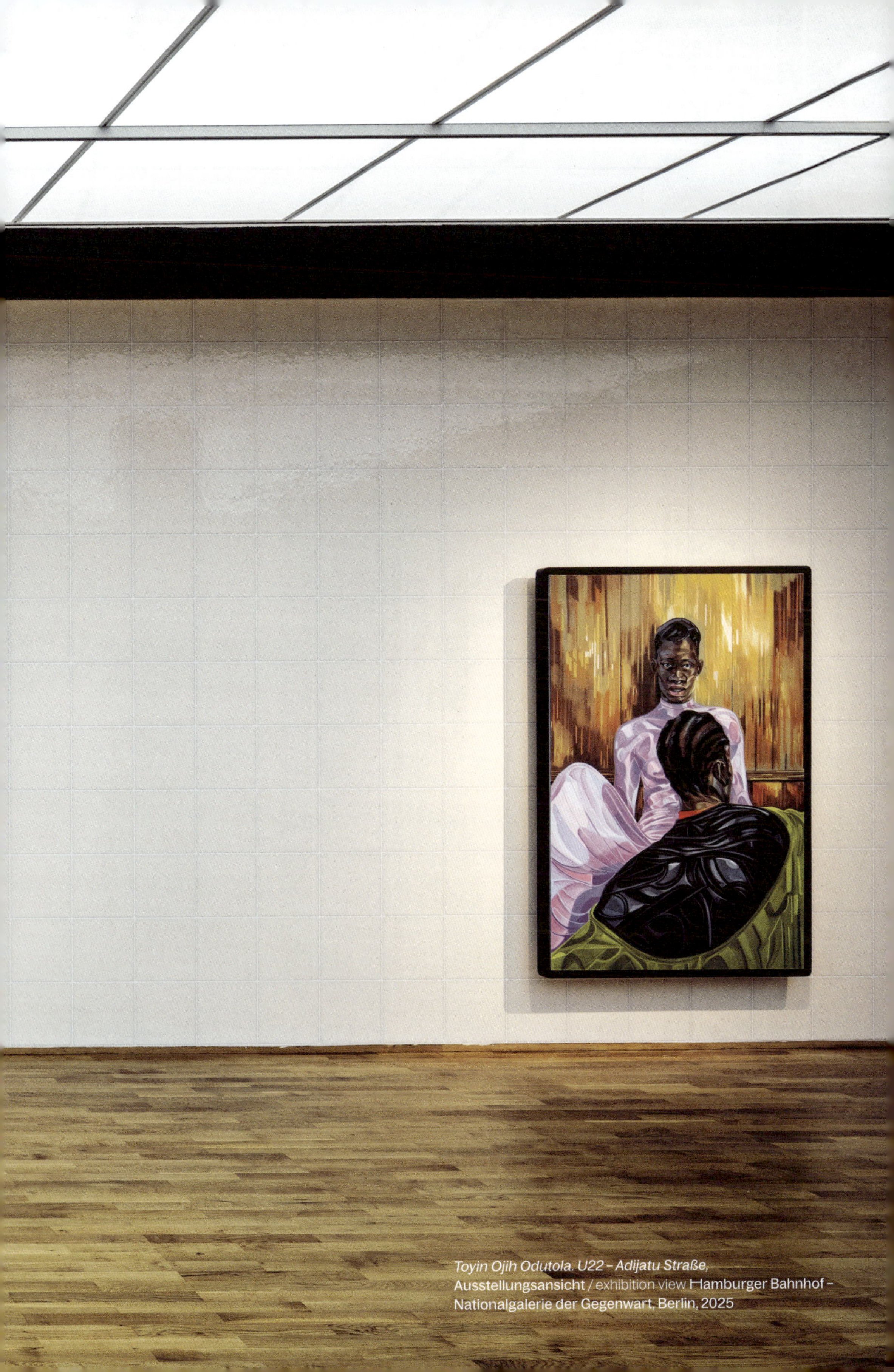

Toyin Ojih Odutola. U22 – Adijatu Straße,
Ausstellungsansicht / exhibition view Hamburger Bahnhof – Nationalgalerie der Gegenwart, Berlin, 2025

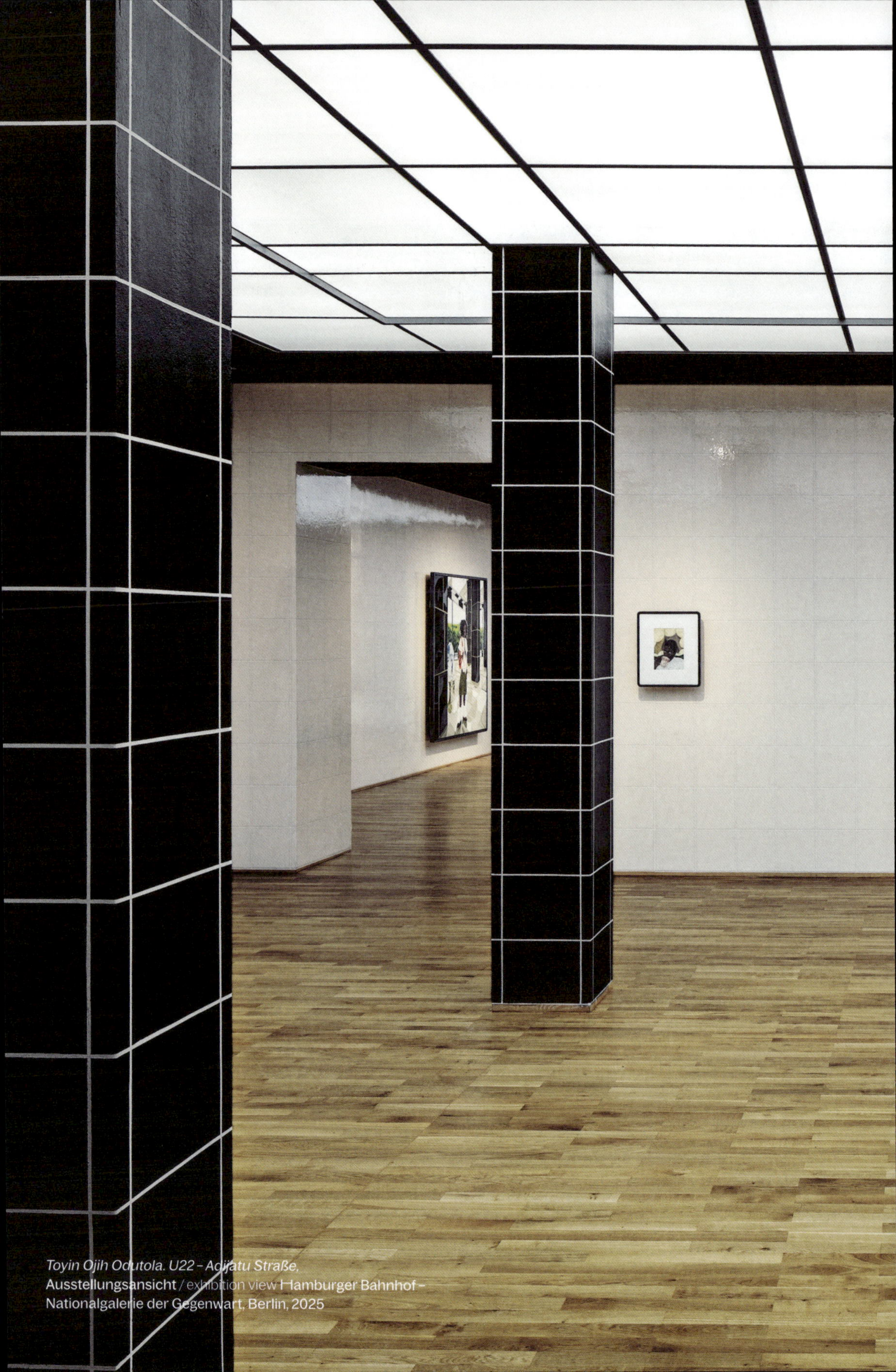

Toyin Ojih Odutola. U22 – Adjfatu Straße,
Ausstellungsansicht / exhibition view Hamburger Bahnhof – Nationalgalerie der Gegenwart, Berlin, 2025

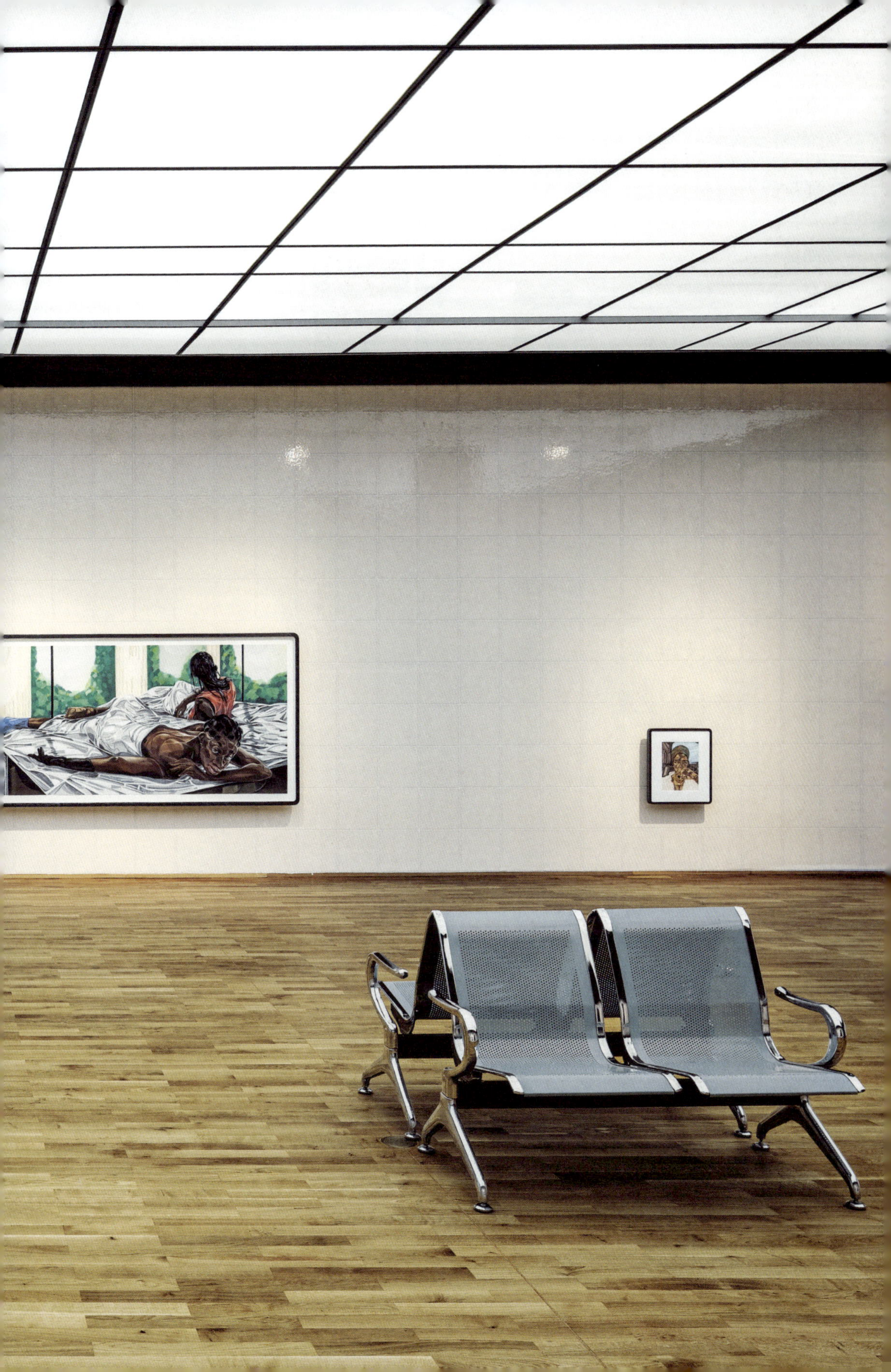

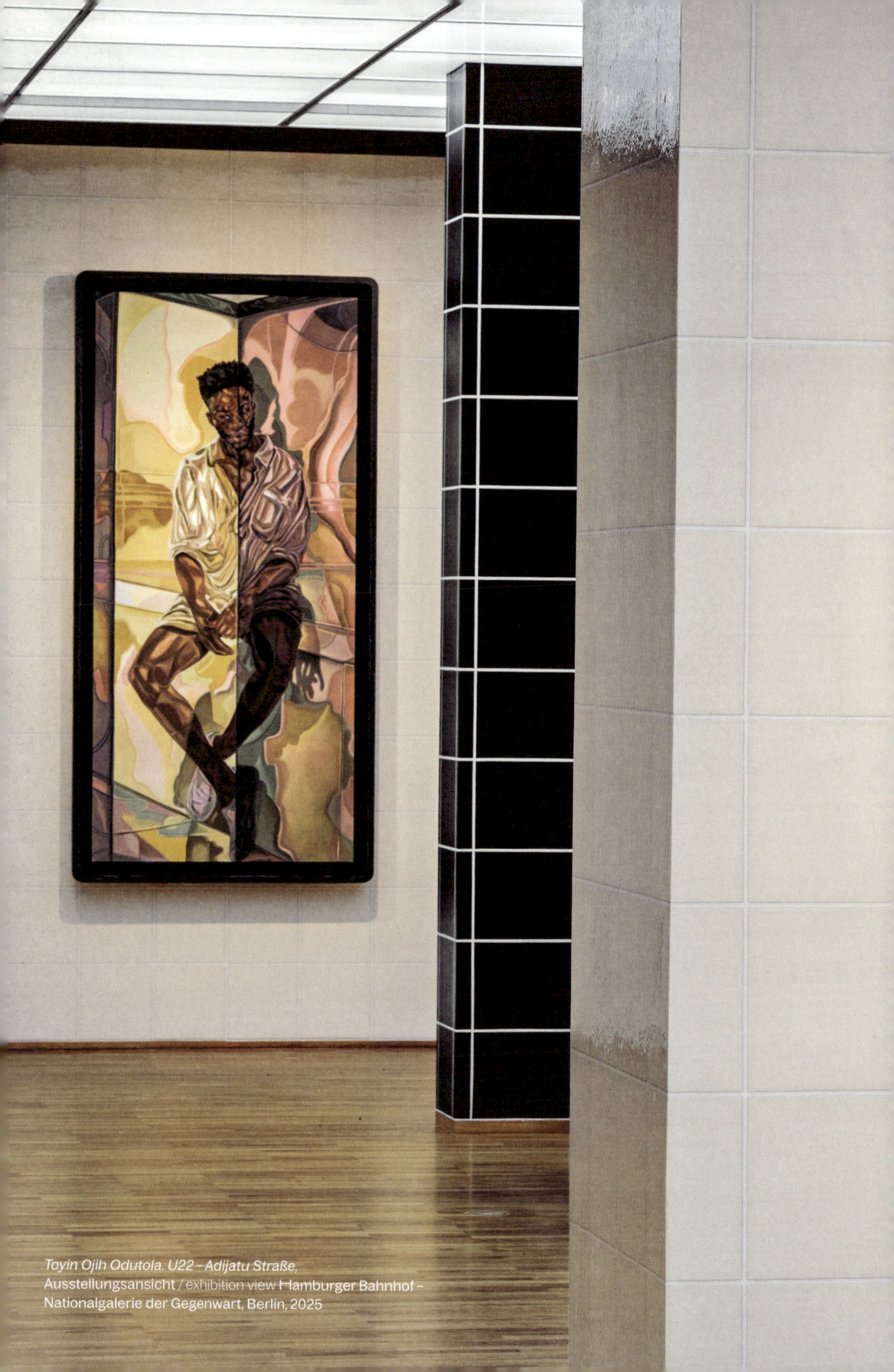

Toyin Ojih Odutola. U22 – Adijatu Straße,
Ausstellungsansicht / exhibition view Hamburger Bahnhof – Nationalgalerie der Gegenwart, Berlin, 2025

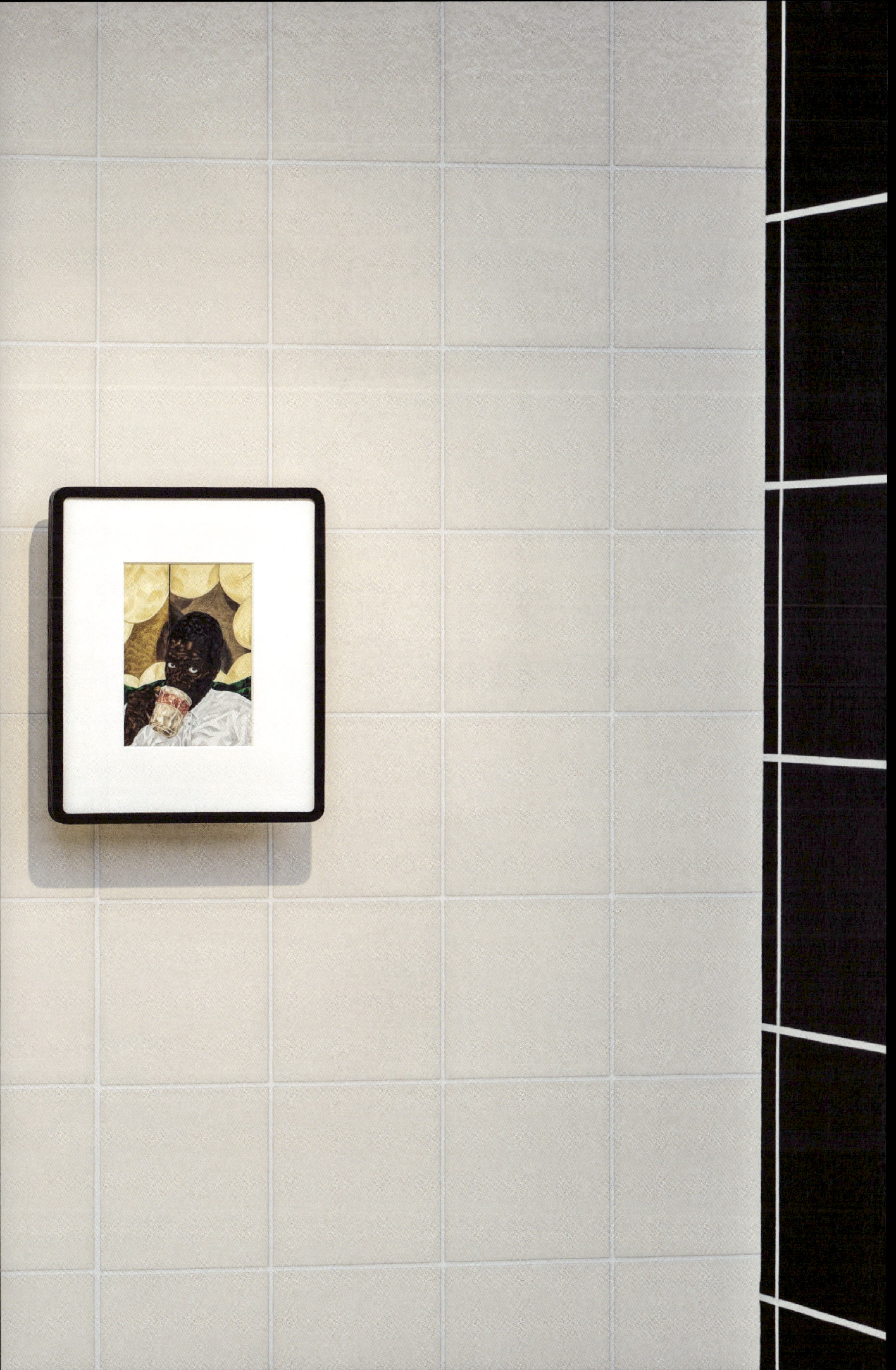

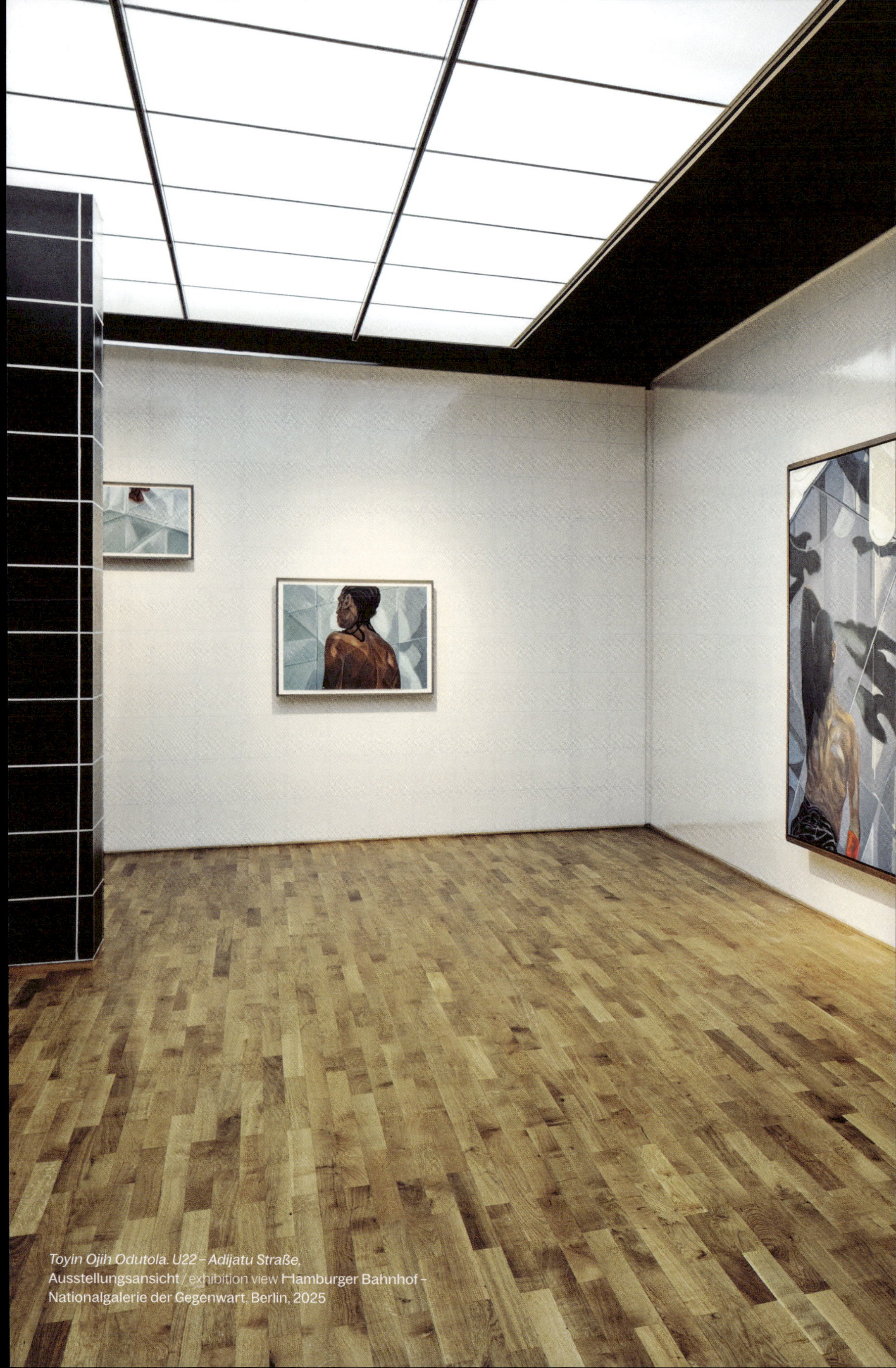

Toyin Ojih Odutola. U22 – Adijatu Straße,
Ausstellungsansicht / exhibition view Hamburger Bahnhof – Nationalgalerie der Gegenwart, Berlin, 2025

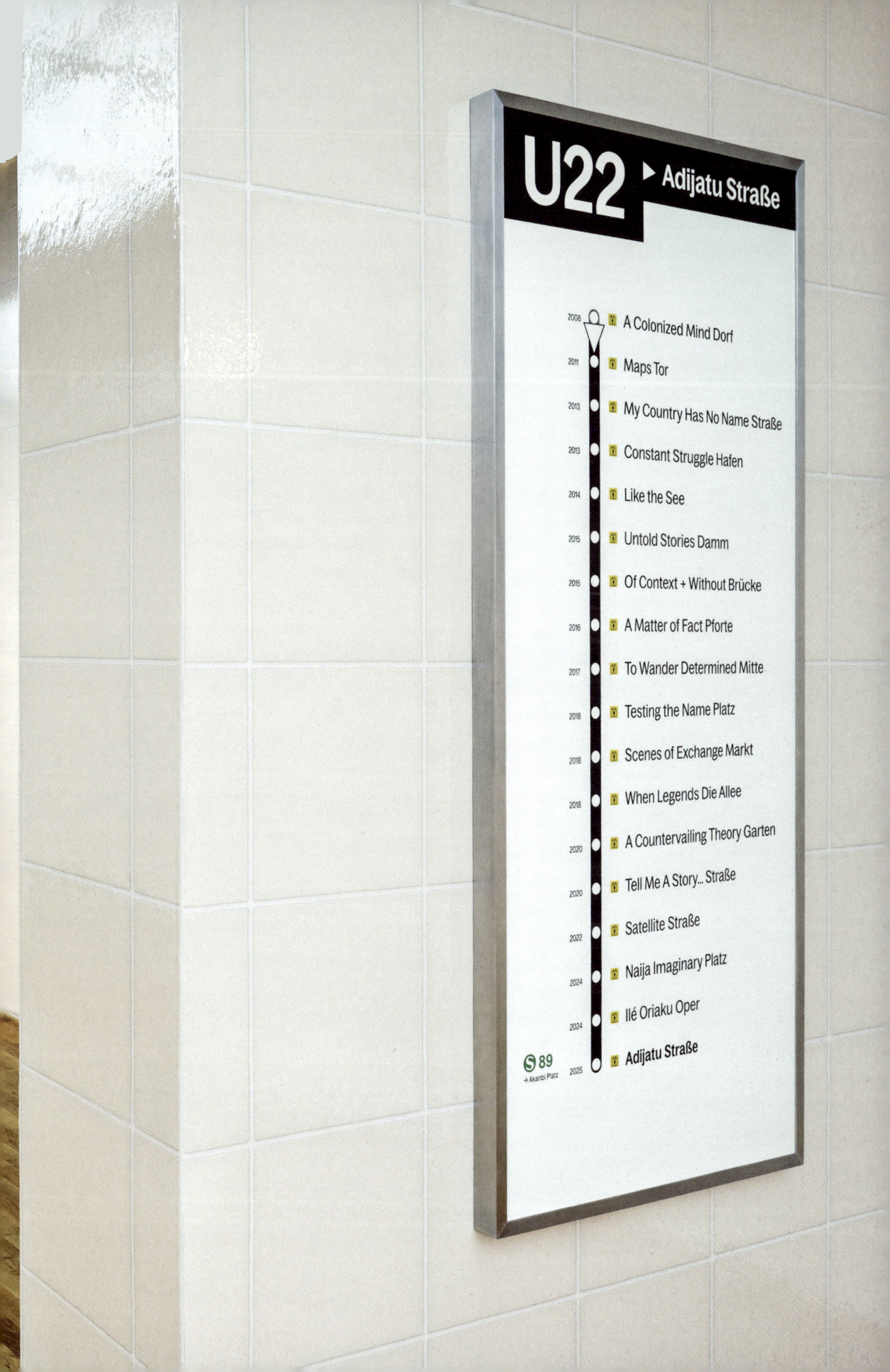
U22
Adijatu Straße
2008 A Colonized Mind Dorf
2011 Maps Tor
2013 My Country Has No Name Straße
2013 Constant Struggle Hafen
2014 Like the See
2015 Untold Stories Damm
2015 Of Context + Without Brücke
2016 A Matter of Fact Pforte
2017 To Wander Determined Mitte
2018 Testing the Name Platz
2018 Scenes of Exchange Markt
2018 When Legends Die Allee
2020 A Countervailing Theory Garten
2020 Tell Me A Story... Straße
2022 Satellite Straße
2024 Naija Imaginary Platz
2024 Ilé Oriaku Oper
2025 Adijatu Straße
S 89
→ Akanbi Platz